LA
CRISE ÉLECTORALE DE 1869

Les exemplaires de *la Crise électorale de* 1869, non revêtus de la signature de l'auteur, doivent être réputés contrefaits.

Imprimerie de J. H. Briard, rue des Minimes, 51.

A. ROGEARD

LA CRISE ÉLECTORALE DE 1869

Sombre fidélité pour les choses tombées,
Sois ma vertu, ma force et mon pilier d'airain.
VICTOR HUGO, *les Châtiments*.

R. F.

BRUXELLES
CHEZ TOUS LES LIBRAIRES
1869

LA

CRISE ELECTORALE

DE 1869

Dans les Etats despotiques, servir le prince, c'est trahir la nation.

HELVETIUS, *de l'Esprit.*

Tout ordre ou toute loi dont on défend l'examen et la critique, ne peut jamais être qu'une loi injuste.

GROTIUS.

Le puissant sera toujours injuste et vindicatif.

HELVETIUS, *de l'Esprit.*

En général, les hommes sont régis par les plus sots d'entre eux.

BOLINGBROKE.

Le propre du despotisme est d'avilir et de dégrader les âmes.

HELVETIUS, *de l'Esprit.*

Tout est criminel sous un prince qui se sent toujours coupable.

SUÉTONE.

Si la peste avait des jarretières, des cordons et des pensions à donner, il est des théologiens assez vils, et des jurisconsultes assez bas, pour soutenir que le règne de la peste est de droit divin.

GORDON.

Les demi-politiques, faute d'embrasser une assez grande étendue de temps, accoutumés à considérer chaque action indépendamment de la chaîne qui les unit toutes entre elles, lorsqu'ils pensent corriger un peuple de l'excès d'une vertu, ne font, le plus souvent, que lui enlever le palladium auquel sont attachés ses succès et sa gloire.

HELVETIUS, *de l'Esprit.*

Il n'y a que les victoires de la vérité qui comptent.

L. PFAU, *Etudes sur l'Art.*

La justice humaine a de tout temps pendu les petits larrons et honoré les grands brigands.

ID., *ibid.*

Une doctrine qui a besoin d'un gendarme pour fermer la bouche à la discussion, se condamne soi-même.

ID., *ibid.*

Sans la liberté, le peuple tombe en stagnation, parce que le penseur vit dans l'isolement, et la conscience publique ne fonctionne plus... Où la pensée se meurt, l'art entre en cadence, comme l'Etat entre en décomposition.

ID., *ibid.*

Il n'y a que la matière qui obéisse en esclave à la force ; l'esprit est rebelle de son essence, il ne reconnaît que ses propres lois... C'est cet entêtement sublime de l'esprit qui a fait de tout temps le salut de l'humanité.

Id., *ibid.*

Machiavel : L'essentiel est d'avoir une majorité compacte et un président dont on soit sûr... Les dix-neuf vingtièmes de la Chambre seraient des hommes à moi, qui voteraient sur une consigne, tandis que je ferais mouvoir les fils d'une opposition factice et clandestinement embauchée; après cela, qu'on vienne faire de beaux discours : ils entreront dans les oreilles de mes députés comme le vent entre dans le trou d'une serrure.

Dialogue aux Enfers, par un contemporain.

Si un acte de virile protestation avait (de même qu'en Angleterre) éclaté en France contre le serment politique, croit-on qu'aujourd'hui l'ouvrier ne serait pas plus éclairé, son courage plus ferme...

Nadaud, anc. représent. du peuple.

Je repousse toute chance de faire partie d'une assemblée politique sous le gouvernement de L.-N. Bonaparte.

A. Madier-Montjau aîné, *Lettre du 22 mars* 1869.

Chers concitoyens,

Les délégués de tous les cantons de la circonscription sont venus m'offrir la candidature à l'élection des 19 et 20 de ce mois, en m'affirmant que le peuple, qui me met ainsi en demeure de le servir encore, tient moins à voir à la Chambre un député de plus à lui dévoué, qu'à affirmer les principes démocratiques qui l'animent.

En 48 et 49 j'ai été nommé à la constituante et à la législative comme républicain, je suis entré dans les prisons et j'en suis sorti républicain, je veux vivre et mourir, comme mon frère, républicain. — Je ne puis ni ne veux, et que tout le monde le sache bien, abaisser mon drapeau devant un serment que ma conscience désavoue et qui est la négation de la souveraineté du peuple.

FERDINAND GAMBON, *Réponse aux électeurs,* 1868.

MACHIAVEL : Je compte sur la puissance de l'opinion : personne n'osera s'avilir devant elle en manquant ouvertement à la foi jurée... On sera sans excuse de venir rechercher le suffrage, quand on ne sera pas à l'avance décidé à me servir.

Dialogue aux Enfers, par un contemporain.

J'aurais mille moyens de neutraliser le pouvoir d'une telle assemblée.

Id.

Mieux vaut tomber sur les principes que remporter quelques victoires partielles et nominales qui ne peuvent servir qu'à tromper l'opinion, en donnant une force nouvelle à la politique dont la France subit aujourd'hui la conséquence.

DELESCLUZE, *Réveil,* 16 juillet 1868.

N'acceptons ni les équivoques ni les hommes à double visage.... le parti démocratique doit s'affirmer, il s'affirmera.

ID., *Ibid.*

Après avoir recherché ce qu'a pu gagner la démocratie à se faire représenter dans les conditions présentes, et examiné toutes les lois votées par nos prétendus mandataires, nous concluons qu'il n'est pour les socialistes qu'une seule attitude vraiment digne : protester et s'abstenir de voter.

E. CHEMALÉ, *le Fédéraliste,* numéro-spécimen, septembre 1868.

Il n'y a rien à attendre, pour les classes laborieuses, de l'action législative, tant que leurs efforts auront à se heurter au système de centralisation qui domine, en France, toutes les institutions politiques et administratives.

PROUDHON (non textuel).

Ce n'est pas, comme bien l'on pense, avec une opposition de cette force, bourgeoise, orléaniste ou indifférente, qu'on empêche rien; parlons plus juste, c'est avec une pareille opposition qu'un gouvernement, despotique ou *constitutionnel,* le système n'y est de rien, fait tout ce qu'il veut.

PROUDHON, *France et Rhin.*

L'unanimité de la Chambre serait impuissante à prévaloir contre un dessein contraire de l'empereur... la nation n'a sur son gouvernement aucun moyen de contrainte légale... le refus du budget serait une révolution.

H. BRISSON, *Revue politique, n°* 15.

L'abaissement et la ruine de tant de peuples déchus et disparus, n'est qu'une suite de faits sociaux arrivés à leurs conséquences extrêmes.

NEFFTZER.

Dans l'ordre politique comme dans celui des choses matérielles, l'organisme le plus imparfait est supérieur au mécanisme le plus accompli.

MOMMSEN.

Si le chef du gouvernement est demeuré responsable, il est impossible qu'il soit devenu irrévocable...

CH. DUNOYER, de l'Institut de France.

Le droit de souveraineté est naturellement inaliénable et inépuisable.

ID.

La souveraineté nationale survivrait à l'usage qu'en a fait la France le 20 décembre 1851, et le 22 novembre 1852, même alors que tout se serait accompli, en ce temps, suivant la plus stricte légalité.

ID.

L'impérialisme bonapartiste..... n'interroge jamais la nation qu'après avoir commencé par la mettre sous ses pieds, pour la réduire à l'impossibilité matérielle de le démentir.

ID.

Qu'on me dise si jamais pouvoir arbitraire a été plus ouvertement le produit de la corruption, de la fraude et de la violence.

ID.

Sans le droit de délibérer, le suffrage universel serait une mystification.

E. PICARD, séance du 2 avril 1869.

La liberté électorale est annulée; la liberté parlementaire est humiliée.

J. FAVRE, séance du 3 avril 1869.

L'empire nous fait dépenser *huit cents millions* de plus, par année, que nous n'en avions dépensés antérieurement.

J.-E. HORN, *le Bilan de l'Empire*.

Soyez résolus de ne servir plus, et vous voilà libres

LA BOETIE.

Il n'est pas même besoin, pour être libres, de pousser le tyran, mais seulement de ne le soutenir pas.

LA BOETIE.

La démocratie ouvrière, aujourd'hui comme en 1848, tient dans ses mains les éléments de son triomphe ; il s'agit pour elle... de s'imposer au pouvoir, EN REVENDIQUANT SON AUTORITÉ SOUVERAINE.

PROUDHON.

Il faut reprendre... ses résolutions de 93 !

NAPOLÉON Ier (1814).

Ces corps sans âme fondent comme neige (les armées du despotisme).

ID.

Ceux qui trempent leurs mains dans le sang ne profitent jamais de leur crime.

NAPOLÉON III.

Et son nom deviendra, chez la race future,
Aux plus cruels tyrans, la plus cruelle injure.

RACINE.

La République est comme le soleil : aveugle qui ne la voit pas !

Le général BONAPARTE.

Que mon cœur se dessèche dans ma poitrine, si jamais j'étais assez infâme pour trahir la République.

L. NAPOLÉON. (Profession de foi affichée à Boulogne en 1848.)

Le césarisme a perdu son nimbe.

L'*Avenir de Berlin*, 2 décembre 1868.

Les libertés du 24 novembre sont ce qu'elles peuvent... et c'est trop peu.

Comité central d'action, bulletin du 24 juin 1868.

Justice sera faite. Comment? par l'opposition? Non..... Justice sera faite par la Révolution, et la Révolution, comme toujours, par le peuple de Paris.

Comité central d'action, bulletin du 22 septembre 1868.

Votons, soit! mais armons le vote! N'ayons qu'un bulletin : Justice! qu'un candidat : Révolution!

Comité central d'action, bulletin du 22 septembre 1868.

Sombre fidélité pour les choses tombées,
Sois ma vertu, ma force et mon pilier d'airain.

VICTOR HUGO, *les Châtiments*.

Des élections! encore des élections, sous l'empire! C'est trop fort, en vérité! Combien de temps trompe-t-on un peuple spirituel, et combien de temps trompe-t-on un peuple imbécile? Ce calcul devrait être fait: l'histoire en fournit la matière; faute d'un barême, sur cette question, nous sommes réduits aux conjectures; et déjà quelques nouvellistes, peu respectueux pour le peuple français, et peu jaloux de sa renommée de bon sens et d'esprit, osent conjecturer qu'il se prêtera, cette année comme les autres, et tout aussi benoîtement que devant, à la grande mystification électorale que préparent, pour 1869, les comédiens ordinaires de Sa Majesté.

Le théâtre représentera un pays libre, la police et l'administration représenteront un peuple libre, l'empereur remplira les fonctions de machiniste, Forcade celles de chef d'orchestre; la pièce jouée (4e reprise) aurait pour titre : LES ELECTIONS GÉNÉRALES, et, toujours selon les mêmes nouvellistes, le peuple français, le peuple vivant, en personne naturelle, serait invité et consentirait à jouer un rôle dans cette farce destinée à prolonger ses illusions, et dont il serait à la fois l'acteur et le spectateur, le compère et la dupe! J'ai de la peine à le croire. Ce n'est pas que j'aie une opinion exagérée de sa clairvoyance; mais il y a une fin à tout, même à la gloire des empires et à la patience des peuples. La prochaine pièce électorale sera peut-être plus difficile à jouer que *Ruy-Blas*. Le public a des caprices; il est capable de tout, même d'avoir raison; il se lasse de tout, même des plus grands princes; il aime le changement, même sous les plus grands règnes; il est capable de se lever au milieu du spectacle, de siffler au plus bel endroit (Mexico, Sadowa, Mentana, n'importe!), et, qui pis est, de dire : Assez! et alors plus moyen de continuer. Force sera qu'auteur, machiniste, régisseur, directeur et souffleur se le tiennent pour dit et aillent se coucher. Des élections! pour quoi faire? Il est bien tard, mes bons messieurs, il est bien tard! Et pour quoi faire, bons dieux! pour nommer des conseillers de la couronne? Grand merci! Qu'elle les nomme elle-même, puisque c'est elle qu'ils servent et qui s'en sert. Et puis élire qui? élire quoi? élire où et avec quoi? Mais, chers électeurs du bon Dieu (c'est aux électionnistes que je m'adresse), éligibles très-illustres et électeurs très-précieux, électeurs soi-disant, électeurs imaginaires, électeurs malgré vous, pour élire il faut quatre choses essentielles au suffrage, et ces quatre choses vous manquent absolument et vous manqueront aussi longtemps que la grâce de Dieu et des curés, et votre volonté électorale continueront à protéger l'ennemi de la France, ce rebelle couvert de sang, trois fois condamné, ce contumace réfugié sur un trône. Et ces quatre choses, on vous dira que vous les avez, et quelques-uns le croiront, d'autres feront semblant de le croire, d'autres douteront, et dans le doute ne s'abstiendront pas, et pour la quatrième fois vous donnerez dans le panneau. Ces quatre choses sont : un système électoral et un système parlementaire qui fonctionnent, des éligibles et des électeurs qui soient libres. En un mot, la machine électorale est une machine infernale braquée sur vous par l'empereur, et vous allez vous-même, sur un signe de lui, vous placer docilement sous le feu de sa batterie. Voilà ce que vous faites, si vous votez. Nous verrons tout à l'heure s'il n'y aurait pas moyen de retourner la machine contre son artilleur ou de la faire éclater sous sa main. — Mais, sérieusement, que voulez-vous qu'on fasse ? — Tout, excepté des députés ; faites du suffrage tout ce que vous voudrez, mais ne faites pas cela ; n'en faites rien du tout plutôt que de faire cela ; parce que cela c'est le jeu de l'empereur : renouveler son corps législatif, c'est renouveler son bail à l'auberge du Louvre ; c'est le prendre au sérieux, c'est le discuter, c'est le reconnaître ; c'est faire la part du feu quand on peut l'éteindre ; c'est pactiser avec le mal ; c'est payer piteusement tribut au Minotaure, au lieu de le prendre par les cornes ; c'est proclamer le brigandage un système ; le pillage, une opinion ; l'assassinat, une théorie, et le bonapartisme, un régime politique ; c'est incliner le droit devant la force ; la probité devant le parjure, et l'honneur de la France devant l'infamie napoléonienne ; c'est sanctionner l'usurpation ; c'est sacrer le coup d'Etat ; c'est avoir moins de pudeur que le pape ; c'est régulariser le fonctionnement de la tyrannie ; c'est légaliser le fléau ; c'est organiser la peste ; c'est entrer dans la caverne pour négocier avec la bande, la traiter en puissance et lui payer rançon : on ne parlemente pas avec des bandits, on les extermine. Pas de demi-remèdes, ni de demi-mesures, ni de demi-opposition ! Pas de vaines paroles, l'action ! Pas de tournoi, la bataille ! Electeurs, éligibles, ne vous laissez pas accrocher aux engrenages, ni entraîner sous les portes basses, ni tomber dans les fausses positions ; restez en face de l'empire, debout, la tête haute, armés de votre pur civisme ; ne laissez pas entamer votre raison par les sophismes politiques, ni amoindrir votre puissance par les accommodements ; enveloppez-vous dans votre force et conservez à la République des citoyens entiers. Pas de transactions, pas de concessions, pas d'élections ! — Mais qui donc êtes-vous pour le prendre si haut, et pour être seul d'un autre avis que tout le monde ? — D'abord, il ne m'est pas démontré que je sois seul et que l'avis des concessionnistes soit l'avis de tout le monde ; et quand cela serait, l'isolement n'implique pas nécessairement l'erreur, il n'implique pas même une grande présomption ; il peut fort bien arriver qu'un jour, sur une question donnée, un esprit même vulgaire pense juste, quand 7,500,000 autres pensent de travers ; point n'est besoin d'être un génie ; pareille chose s'est vue et peut se voir encore ; donc l'isolement, pas plus que la foule, ne prouve rien ni pour ni contre la vérité ; le nombre ne fait rien à la chose ; et, à ceux qui demandent si je suis seul, je puis dire : « Qu'est-ce que cela vous fait ? »

de même qu'à ceux qui demandent qui je suis, je pourrais dire aussi : « Qu'est-ce que cela vous fait, si j'ai raison? » Mais j'aime mieux leur répondre : « Je suis un homme libre qui cherche la vérité, et je crois que, dans une question de liberté, le dernier des derniers parmi les hommes vraiment libres en sait toujours, si peu qu'il sache, plus que le premier des premiers parmi ceux qui ne le sont pas. Je crois que l'idée de la résistance légale, dans un milieu despotique, est une idée fausse ; je crois que l'idée de la résistance parlementaire, dans le milieu impérial, est une idée fausse ; que l'idée de la résistance constitutionnelle, quand le milieu a cessé d'être constitutionnel, est une idée fausse ; que les conditions de la lutte ayant changé, il est téméraire de ne pas tenir compte de ce changement ; que les mêmes armes ne conviennent pas à toutes les phases de la guerre de la nation contre la monarchie ; que la nation doit s'armer révolutionnairement quand le pouvoir est armé despotiquement ; que les vieux moyens étaient bons contre les vieux ennemis, et qu'on n'attaque pas un camp de bohémiens comme un gouvernement, ni un sultan d'Asie comme un roi d'Occident, ni une majesté responsable comme une majesté inviolable, ni un Bonaparte comme un simple Bourbon. En présence du dernier bourreau du peuple français, de ce bourreau armé de toutes les espèces d'armes connues, excepté les armes intellectuelles et morales, employant pour se défendre tous les moyens, excepté les moyens honnêtes, et de toutes les raisons des rois ne connaissant que la dernière, le canon ; ayant, pour gouverner la France, beaucoup de chambellans, beaucoup d'écuyers, beaucoup de mouchards, beaucoup de chevaux, beaucoup de fusils, beaucoup d'argent, et pas une idée, il me semble que ce n'est pas une guerre d'idées que nous avons à faire, et qu'il n'y a en France personne à persuader, ni le peuple qui est persuadé depuis longtemps par ses souffrances, ni la majorité parlementaire, qui craint de l'être, ni l'empereur, qui ne le sera jamais. Alors à quoi bon des discours? Je crois qu'il vaut mieux protester que discuter, agir que protester, et clore l'empire qu'ouvrir la session; je crois que la résistance révolutionnaire est plus digne et plus efficace que la résistance légale, et même qu'elle est urgente et, qui plus est, facile. Croyant cela, je dois le dire; devoir évident, mais difficile et douloureux. Je m'y résous, à défaut d'autre, et avec le sentiment de mon insuffisance, et parce qu'il vaut encore mieux dire mal que ne pas dire du tout ce qu'on croit être la vérité; mais si j'aime mieux la vérité que Platon, je saurai du moins la servir sans offenser Platon; j'accuse le système, non les hommes; je discute l'idée, je respecte les intentions; j'attends pour moi la même justice. C'est quelquefois un pauvre pâtre qui indique le bon chemin à une grande armée; rôle modeste, service immense; c'est un avis de ce genre que je voudrais donner. Je voudrais crier aux électeurs, qui semblent ne savoir que faire de leur souveraineté rendue: « Mais profitez donc de cette minute de toute-puissance; ne vous amusez pas à élire un député quand vous pouvez déposer un empereur; au lieu d'élire M. Guéroult, élisez la République; il ne vous en coûtera pas davantage, et c'est plus sûr. Faites vous-mêmes la besogne que vous voulez confier à vos élus, elle n'en sera que mieux faite, et plus vite. Foule égarée, où courez-vous? Vous prenez le plus long, ce n'est pas là qu'est la victoire! Faites usage du suffrage universel, mais pour protester, non pour faire des élections dont le résultat le plus heureux vous est utile pendant vingt-quatre heures et funeste pendant six ans. La manifestation passe, le député reste, et l'ordre impérial se rétablit. Servez-vous du suffrage, mais pour vous compter, pour vous concerter, pour vous affirmer, pour agir. C'est la question d'honneur qui est posée, et cette question-là ne saurait se vider par procuration; il faut la vider vous-mêmes; il ne s'agit pas de déposer des remontrances aux pieds du trône, il s'agit de déposer le trône aux pieds de la nation; cette tâche-là, c'est la vôtre. Qui donc est assez fort pour y prétendre tout seul, et la remplir à votre place? Ne vous contentez pas d'envoyer contre l'ennemi une légion d'anges exterminateurs : occupez-vous un peu d'exterminer vous-mêmes; ne chargez personne de faire justice : faites-la vous-mêmes, bonne et prompte. Le peuple n'est jamais mieux servi ni mieux sauvé que par lui-même. La revendication doit être directe; il n'y a pas de révolution à deux degrés; vous laissez trop traîner votre procès contre la tyrannie; parlez vous-mêmes! Quoi! vous êtes million, et il vous faut des protecteurs! Quoi! vous êtes légion, et il vous faut des avocats! Vous qui avez souffert, levez-vous! Déjà vos masses profondes s'ébranlent, et s'élancent, contre quoi? Contre un candidat officiel! C'est bien la peine; faites un pas de plus, et fondez sur l'empereur! » Voilà ce que je voudrais faire comprendre; essayons.

On a affecté de confondre l'abstention avec l'inaction, et il faut reconnaître l'habileté de cet argument, le mieux fait pour aller droit au cœur des abstentionnistes; il importe donc de définir :

L'Abstention POLITIQUE *consiste à se tenir éloigné des fonctions* POLITIQUES, telles que celles de préfet, de juge, de maire non élu, de conseiller d'État, de sénateur, d'officier supérieur, de commissaire de police, de censeur, de ministre, de chef de corps, fonctions dont le titulaire représente l'État, commande, dirige, administre au nom de l'Etat (et elles sont nombreuses dans un Etat centralisé); fonctions dont le titulaire, ayant la confiance de l'Etat, ne saurait en même temps avoir celle de ses ennemis; cette abstention-là est un devoir strict et qui n'est point contesté, du moins par les républicains; et *l'abstention* ÉLECTORALE *consiste à se tenir éloigné des fonctions* ÉLECTORALES; c'est celle-là dont la valeur est contestée aujourd'hui par un grand nombre de nos amis qui l'admettaient hier, et qui est regardée par eux, non plus comme un devoir, mais comme une faute; c'est celle-là dont nous allons nous occuper et dont nous voulons rechercher la valeur philosophique, morale, politique, historique, théorique et pratique; car tout se tient, et d'une idée vraie il ne peut sortir logiquement qu'une action juste; c'est cette abstention électorale que nous allons examiner, et dont il importait de circonscrire l'idée par une définition exacte, pour éviter les équivoques. Nous croyons donc que l'abstention, tant électorale que politique, ainsi définie, ne saurait être confondue avec l'inaction, et que, si elle n'est pas l'action, du moins elle ne l'exclut pas, et nous regardons ce premier point comme admis par le lecteur de bonne foi. Mais nous croyons, en outre, que *l'abstention électorale*, en face d'une monarchie centralisée, absolue, militaire, asiatique, sourde, aveugle et féroce, est non-seulement un mode d'action, mais un des modes les plus énergiques de l'action. C'est ce second point qu'il s'agit de discuter. Pour cela il convient d'étudier le milieu et les conditions de la résistance, tant légale que révolutionnaire, et, s'il se peut, d'en déterminer la loi.

Ma thèse, je le répète, c'est que la résistance légale sous l'empire est impuissante et même funeste, et que la résistance révolutionnaire est seule efficace; or, il m'est nécessaire, pour la discuter, de remonter un peu plus haut, de rappeler les rapports de la politique et de la morale, les principes de la critique politique, la théorie de la résistance et celle du suffrage universel. Nous examinerons ensuite la nature du milieu impérial où se meut notre résistance actuelle, et nous essaierons de montrer que dans un milieu purement despotique, il n'y a de place que pour une résistance purement révolutionnaire. Je n'ai pas la prétention, on le comprend, de traiter un pareil sujet en quelques pages; je ne veux qu'exposer rapidement quelques-unes des idées générales sur lesquelles s'appuie ma critique en matière politique.

La politique n'est pas, comme on est trop porté à le croire, un jeu de la force et de la ruse, une stratégie, un art d'assiéger ou de défendre le pouvoir; c'est une science comme la morale; c'est la science de la vie publique, comme la morale est la science de la vie privée; et deux sciences, quel que soit leur objet, ne pouvant dans aucun cas se contredire, l'hypothèse d'une contradiction entre deux sciences ne devient pas plus admissible parce qu'elles sont voisines, parentes, et que leurs objets se touchent ou même se confondent. Une science est un fragment de la nature des choses, et il n'y a pas de contradiction dans la nature. La science politique est la science de la constitution et des lois de la vie publique, lois et constitution réelles, nécessaires, inhérentes et essentielles à la nature humaine, et dont nos chartes et nos codes ne sont que des traductions plus ou moins infidèles. Il résulte de là quelques vérités qui intéressent notre sujet : que la politique, comme la morale, est démontrable ; que le vrai, l'utile, le juste, identiques en morale, comme le démontre Platon, ne sont pas moins identiques en politique ; que la conduite politique la plus conforme à la morale, est en même temps la plus utile au triomphe de la vérité ; qu'une idée vraie est la plus grande force humaine connue, et que l'homme qui la sert, même vaincu matériellement, est plus vivant, plus puissant, plus vainqueur, que ceux qui la combattent ; qu'on ne dirige les forces morales, comme les forces physiques, qu'en obéissant aux l os qui les régissent, et qu'on se perd en les violant ; qu'une vérité politique peut souffrir autant des fautes morales de ses amis que des violences matérielles de ses ennemis ; que les devoirs publics et privés sont convergents comme les intérêts ; enfin, qu'on ne peut pas faire de concessions en politique plus qu'en morale, ni en morale plus qu'en physique ou en chimie. Une concession à l'erreur, en morale, c'est une honte ; en chimie, c'est une explosion ; en politique, c'est l'une et l'autre.

Parmi les vérités politiques élémentaires qui doivent servir de point de départ et de base à la critique politique, j'en citerai une seulement, peu contestée aujourd'hui, la souveraineté du peuple, reposant elle-même sur la souveraineté individuelle. Toute société politique a pour but de procurer à tous les individus qui la composent la plus grande somme de bien matériel, intellectuel et moral, de détruire tout ce qui nuit, de créer tout ce qui sert au complet développement de l'individu, de multiplier la force d'un seul par celle de tous, et d'assurer à tous et à chacun la liberté illimitée du bien.

Il en résulte que l'Etat est fait pour servir l'individu et la nation, et non la nation et l'individu pour servir l'Etat; ou mieux : que l'État et la nation ne doivent pas être séparés, que le gouvernement de l'homme par l'homme doit disparaître, que l'Etat ne doit être autre chose que la nation se gouvernant elle-même, et que la souveraineté de l'Etat et la souveraineté du peuple ne doivent être qu'une seule et même souveraineté. Dans l'histoire il n'en va pas ainsi : tantôt c'est la nation qui absorbe l'Etat, tantôt, et le plus souvent, c'est l'Etat qui absorbe la nation; toujours et partout c'est une des deux souverainetés qui dévore l'autre; partout où elles se rencontrent, le duel commence : meurs ou tue! Souveraineté du peuple ou souveraineté du roi! celle-ci ou celle-là! entre elles point d'accommodement; nul ne saurait les réconcilier; l'une est la négation de l'autre; si l'une est légitime, l'autre ne saurait l'être; entre les deux, la critique doit prendre parti et choisir, car ce choix aura des conséquences dont la première, si elle choisit mal, sera de ne pas comprendre l'histoire. Pour nous, qui reconnaissons le principe de la souveraineté populaire, imprescriptible, inaliénable, permanente, l'histoire s'explique: elle n'est, d'un bout à l'autre, que le récit de cette lutte grandiose des deux souverainetés à travers les âges. Partout où il y a une monarchie, oligarchie, aristocratie, gouvernement d'un peuple par d'autres que par lui-même, il y a, par le fait, deux souverains, le vrai et le faux, l'usurpateur et le dépossédé, l'oppresseur et l'opprimé, l'Etat et la nation, le prince et le peuple, et, partant, il y a antagonisme, puis combat à outrance; c'est ce que j'appelle la guerre des deux souverains, guerre des peuples et des rois, guerre de six mille ans, guerre de l'éternelle revendication, dont les émeutes, les insurrections, les révoltes, les jacqueries de tous les temps sont les épisodes, dont les républiques passées sont les trèves, dont la république universelle sera la fin glorieuse et bénie du genre humain. Il résulte de cette théorie des deux souverains que tout ce qui dans l'histoire sert le faux souverain doit être jugé faux et coupable ; que toutes les insurrections sont légitimes ; que toute monarchie est incompatible avec le suffrage universel ; qu'il n'y a d'ordre et par conséquent de stabilité et tranquillité que dans une démocratie pure ; que tout autre Etat est un Etat violent et anarchique, et que tous les citoyens ont pour devoir, apparemment, d'y rétablir l'ordre et non d'y conserver l'anarchie. C'est l'accomplissement de ce devoir que j'appelle la résistance.

Je ne me fais pas fort ici d'exposer la théorie de la résistance et d'en dégager la loi ; qu'on me permette au moins quelques mots sur la question.

J'appelle résistance légale la revendication au moyen de la loi, et résistance révolutionnaire, la revendication sans la loi ou malgré elle. L'une s'appuie sur la loi pour agir contre le pouvoir, l'autre s'appuie sur le droit pour agir contre le pouvoir et contre la loi ; l'une s'enferme dans une légalité tutélaire, comme dans une forteresse, pour repousser l'arbitraire ; l'autre sort d'une légalité ennemie et perfide, comme d'un piége, pour se réfugier dans le droit ; l'une, enfin, invoque la loi positive, écrite dans les codes ; l'autre, la loi idéale, supérieure, écrite dans les consciences.

La seule définition de la résistance légale suffit à indiquer la nature et les conditions du milieu politique nécessaire à son action ; pour qu'une résistance s'appuie sur la loi, il faut d'abord qu'il y ait une loi, et la résistance légale serait excellente partout et toujours, si toujours et partout il y avait des lois. Or, voici ce qui arrive : il y a des pays où les lois sont faites par les hommes les plus éclairés et les plus honnêtes de la nation, et faites pour protéger le droit contre la force, la vérité contre l'erreur, la vertu contre le vice, la justice contre l'arbitraire, la liberté contre l'autorité, l'individu contre l'Etat, l'ordre contre l'anarchie, l'intérêt de tous contre celui d'un seul, le bien contre le mal, la science contre l'ignorance, la vie des peuples contre les tueurs des peuples, le souverain naturel et légitime contre le souverain artificiel et substitué, la chose publique contre la chose monarchique, la nation contre le roi. Dans ces pays, la loi est une émanation de la conscience nationale. Dans ces pays, le pouvoir est faible, ses dépositaires peu nombreux; le citoyen lésé dans son droit a mille moyens d'obtenir justice; contre un offenseur il a mille défenseurs; s'il est opprimé par un seul, il est protégé par tous; il rencontre l'iniquité sur un point et la réparation partout. Dans un tel pays, la résistance légale est efficace et peut suffire à éliminer ce qui subsiste d'abus et même d'institutions oppressives, y compris la monarchie bourgeoise, s'il en est encore, et la religion d'Etat, s'il en reste. Mais il est malheureusement d'autres pays où les choses se passent autrement et même d'une façon toute contraire et précisément inverse; ce sont ceux où se combinent le despotisme politique et le despotisme religieux; où toutes les puissances du mal se liguent pour le faire triompher; où tous les agents de la scélératesse humaine s'unissent pour mieux écraser l'humanité; le gouvernement de ces pays peut se définir une théocratie militaire, à moins qu'on n'aime mieux l'appeler un césarisme clérical; tels sont certains empires de l'Asie et de l'Afrique; tel est l'empire français. Dans un tel empire, la loi est faite par le prince et pour le prince, sans le droit et contre le droit, sans la nation et contre la nation ; elle n'a d'autre but que d'assurer l'impunité du prince. L'antagonisme des deux souverainetés a atteint son maximum, le duel à mort touche à sa fin ; c'est l'heure où les deux ennemis s'étreignent une dernière fois, où l'un des deux, peuple ou roi, va mourir ; le danger du prince grandit de jour en jour, en raison directe du mal qu'il a fait et des crimes qu'il a commis ; en ce péril immense, effroyable, suprême, le prince éperdu a besoin de se couvrir d'une triple armure de lois, de s'entourer d'une triple enceinte d'institutions et de quatre armées de fonctionnaires, sans compter l'autre armée, qui est d'un million de soldats, mais qu'on peut augmenter; puis, cela fait, le prince, non rassuré, se réfugie au centre d'un inextricable réseau de décrets, d'arrêtés, d'ordonnances et de jurisprudence, où il se blottit, se pelotonne et se tient coi, comme une araignée dans sa toile. Et tous les jours ce vaste système de défense se complique, s'enrichit, se perfectionne et s'étend autour du pouvoir, jusqu'à ce que la résistance soit morte ou le prince renversé. Dans cette situation, la résistance légale a contre elle tout cet arsenal de lois et toute cette légion de fonctionnaires; elle ne rencontre partout, pour s'appuyer, que la planche d'une trappe, la bascule d'un piége ou l'épaule d'un ennemi ; toutes les armes sont tournées contre elle; la législation tout entière n'est plus que la cotte de mailles du prince ; toutes les lois désertent le camp de la nation pour passer dans celui du pouvoir ; le *corpus juris* n'est plus qu'un corps de garde, et le Code est une souricière ; le citoyen n'a pas une seule loi pour se défendre ; le prince les a toutes, et en forge de toutes neuves, selon les besoins du moment; un bon despote est toujours un peu légiste, et sait faire les fausses lois comme un voleur les fausses clefs; il n'y a rien d'aussi légiférant que la tyrannie; étant la négation de toute justice, il lui importe de bouleverser l'appareil de la justice, d'en obscurcir les notions, d'en briser les formules, de n'en laisser subsister que l'apparence; une seule bonne loi qui resterait pourrait tout perdre; la tyrannie n'en laissera pas; elle désarmera la résistance légale, minutieusement, complètement, comme une prisonnière qu'elle est et qu'elle doit être. C'est pourquoi cette pauvre résistance légale, ainsi désarmée, au lieu de s'aventurer sur le champ de bataille légal, préparé, machiné et miné par la tyrannie, — ce qui montrerait, de sa part, beaucoup de chevalerie et un peu de duperie, — reconnaîtra qu'elle n'est pas là sur son terrain ni dans son milieu, que sa puissance est morte avec la dernière loi, et qu'il est temps de céder la place à sa grande sœur : la résistance révolutionnaire.

La loi de la résistance nous paraît donc être celle-ci : Dans une démocratie pure, la résistance légale atteint son maximum de puissance et d'action, tandis que la résistance révolutionnaire est réduite à zéro. Dans un Etat despotique, au contraire, c'est la résistance légale qui est réduite à néant, et la résistance révolutionnaire, qui est normale, atteint son maximum; en d'autres termes, la somme de résistance légale que comporte un régime est en raison directe de la liberté; la somme de résistance révolutionnaire qu'il provoque est en raison directe de la compression; enfin, dans les régimes mixtes, la résistance sera mixte : plus ou moins légale que révolutionnaire, selon que le régime sera plus ou moins libéral. C'est ainsi que nous avons vu la résistance affecter la forme légale en Angleterre, et révolutionnaire en Russie, et produire, d'un côté, une succession de réformes, de l'autre, une série d'étranglements. Tout le long de l'histoire de France, la résistance est plus révolutionnaire que légale, et produit plus de guerres civiles que d'Etats généraux. Sous Louis-Philippe, la résistance est mixte et se traduit par des alternatives de débats parlementaires, de procès de presse, d'émeutes et d'attentats. Si cette théorie est vraie, s'il est vrai que la résistance est et doit être légale dans un milieu constitutionnel, révolutionnaire dans un milieu despotique, il n'est pas difficile de décider lequel de ses deux modes est le mieux approprié au milieu politique créé par le second empire français.

Je ne reproduirai pas ici la théorie du suffrage universel et de l'abstention électorale (1). Je me contenterai de rappeler aux électeurs quelques-unes des conditions qui leur manquent et sans lesquelles le droit de vote est seulement une ombre de droit, et les élections générales une mystification générale. Je ferai d'abord remarquer que le suffrage universel, organe de la souveraineté nationale, fondé par la République, a été faussé, dénaturé, désarticulé par l'empire, et transformé, autant que faire se pouvait, en organe de la souveraineté impériale, destiné à la servir sans en avoir l'air; ce qu'il a fait, du reste, depuis 1851 ; que cet asile du droit est une forteresse plus démantelée que celle de Luxembourg, ouverte à tous les assauts de ses ennemis; que la machine électorale a été détraquée par une main crimi-

(1) PROUDHON, *les Assermentés et les réfractaires.*
ID., *De la capacité politique des classes ouvrières.*
J. SIMON, *le Devoir.*

nelle, et que cette main en a cassé tous les ressorts, excepté un, qui est l'abstention, et dont la puissance serait grande si on voulait s'en servir. L'abstention n'est pas simplement une tactique, comme on l'a cru malheureusement, c'est un des devoirs inhérents à l'exercice du suffrage : celui de ne jamais le tourner contre lui-même. L'abstention, tour à tour prônée et méconnue, mérite au moins une étude sérieuse de la part de tout vrai citoyen, vraiment ennemi de l'empire. Heureux qui pourrait rallier à son principe tant de cœurs généreux, dont elle serait la force! peut-être suffirait-il, pour cela, de lui rendre son vrai nom : *la Protestation.*

La protestation révolutionnaire, voilà le mode de résistance que tous les partis peuvent adopter, car tous sont impatients de faire éclater, dans l'action, la protestation qui, depuis vingt ans, gronde dans leur pensée; la protestation sans équivoque, sans voile, sans masque légal, sans précaution électorale, sans réticence parlementaire! la protestation pure et simple! un *non* qui soit un *non!* Si nous voulons tous être libres, disons-le hautement et intelligiblement, et si tous nous savons que la liberté est la négation de l'empire, commençons par nier l'empire; jusque-là nous pouvons nous entendre : que ceux qui ne veulent pas de l'empire lèvent la main! Voilà une proposition qui doit être du goût de tout le monde! Protester! voilà une chose que tous les partis peuvent faire ensemble et de concert, et cela sans concession, ni à l'ennemi commun, ni entre eux. Protester! voilà la résistance commune universelle, nationale; elle n'entraîne, celle-là, ni compromis, ni sacrifice, ni humiliation, ni danger, ni échec, ni conséquences parlementaires; tous les scrupules sont sauvegardés, réservés, respectés. Les hommes restent debout, la tête haute et enseignes déployées. C'est plus que l'union libérale ou démocratique ou radicale, c'est l'union patriotique qui se lève, géante, en face de l'union dynastique. L'élection éparpille nos forces, la protestation les rassemble ; c'est le parti le plus simple, le plus sûr, le seul pleinement réalisable ; c'est aussi le plus viril, le plus fier, le plus français. La protestation, comme la haine de l'empire, est encore ce qui nous divise le moins.

Je remarque encore que, sous ce merveilleux régime de grâce de Dieu et de volonté nationale, le suffrage universel, dépouillé de toutes ses garanties, est en même temps dépouillé de la plupart de ses attributions. En effet, le suffrage universel suppose la souveraineté du peuple, qui suppose, à son tour, la réunion de tous les pouvoirs entre les mains du peuple, pouvoir législatif, pouvoir exécutif, pouvoir judiciaire, pouvoir constituant ; la souveraineté les comprend tous, ou elle s'évanouit; elle est cela, ou elle n'est plus. Le suffrage doit donc élire, non-seulement les députés, mais les maires, les juges, les administrateurs, les officiers de la milice nationale, etc... Si, au contraire, on lui fait sa part, et quelle part ! si de toute sa puissance souveraine on ne lui laisse qu'un débris de puissance législative, et de cette dernière qu'un fragment de faculté électorale, un misérable petit droit de vote bien entravé, bien mutilé, bien surveillé et bien assermenté ; s'il en est ainsi réduit à la portion congrue et privé de toutes ses attributions, excepté une, celle qui lui reste se trouve par là singulièrement amoindrie, et la faible part de puissance souveraine effective qu'il conserve encore, est neutralisée par toutes les autres parts de la puissance souveraine effective que l'Etat a concentrées dans sa main. Il résulte qu'il ne saurait faire grand'chose de bon de cette illusion de vote et de ce simulacre d'élections, et que, si on ne lui laisse à faire que la besogne qui doit tourner contre lui et profiter à d'autres, il vaut mieux qu'il s'en abstienne. Le suffrage universel, institution républicaine, fonctionnant sous la plus absolue des monarchies ! quelle contradiction ! S'il n'absorbe pas, il va être absorbé. Il ne peut faire que deux choses : ou se renier et servir l'ennemi, ou s'affirmer, et, par cela seul, le renverser. C'est précisément ce que je lui souhaite. O roi fainéant, profite de la minute où on te laisse jouer avec ton sceptre ; prends-le à deux mains comme une massue, au lieu de le balancer benoîtement comme une crosse ; au lieu de voter, frappe ! Avant de songer à faire un député, il faut commencer par défaire un empereur. Chaque chose a son temps, et le tien, ô suffrage, n'est pas encore venu !

Non-seulement le suffrage est dépouillé de ses attributions et de ses garanties, de tout ce qui constitue sa valeur et sa validité, mais pour compléter son désarroi, il est mis en demeure de répondre à une question perfide ; posée par l'empereur, c'est tout dire ! Cet homme, qui trouve le secret de mentir, même quand il interroge, a toujours eu l'art de mal poser les questions ; en 1851, il dit au suffrage : Moi ou rien ; en 1863 : Moi ou M. Havin ; en 1869 : Moi ou M. Thiers. Eh bien ! et si je ne veux ni de *rien*, ni de M. Havin, ni de M. Thiers, ni de vous, que devient ma souveraineté électorale ? A sotte demande point de réponse, et je ne puis répondre à la vôtre ; en pareil cas, la loi électorale, même la plus mauvaise, même la vôtre, me prescrit de m'abstenir ; c'est ce que je fais ; car voyez la mauvaise chance !

Vous m'offrez gracieusement de choisir entre vous et MM. Thiers ou J. Favre ou Pagès ou Carnot, et c'est justement Madier-Montjau que j'aurais voulu nommer; il n'y a donc pas moyen de nous entendre, et je ne puis profiter de votre politesse.

Il est bien entendu que l'empereur n'interroge le suffrage qu'après s'être assuré, par une centaine de mesures restrictives, prohibitives et coercitives de sa liberté, que la réponse dudit suffrage ne sera pas trop méchante, et que, s'il prévoyait une réponse moins douce, il ne l'interrogerait pas du tout. En cela, le drôle sait ce qu'il fait; il ne veut pas que les électeurs soient libres, et ils ne le sont pas; il demande leur opinion et craint de l'obtenir, et il fera tout pour qu'ils ne répondent pas trop haut, car, comme on l'a dit au sénat (1) : « Les élections ne sont pas faites pour faire prévaloir l'opinion; » les électeurs ne devront répondre que sur le mode ionien et dans les tons doux d'une gamme permise, pour ne pas faire trop de peine à l'empereur; toutes ses précautions prises, ce comptable offre de rendre ses comptes, et ce contrôlable consent à être contrôlé; mais quant à interroger les électeurs libres, parbleu ! je l'en défie ! C'est pourquoi je suis d'avis que les électeurs ne feraient pas mal de s'affranchir eux-mêmes et de répondre, sans qu'on les interroge, à la question mieux posée, et de publier sans ambages cette opinion que l'empereur et son sénat leur font l'honneur de croire bonne, puisqu'ils ont si grand'peur de l'entendre. Ne votez pas, électeurs, protestez! En votant sous l'empire, on ne sait pas ce qu'on fait; l'électeur est bon, l'élu est bon, et l'élection est mauvaise dans

(1) Hubert Delisle.

ses conséquences; tout le monde veut bien faire, et tout le monde fait mal, sans le savoir, parce que le milieu n'est pas électoral. En nommant, je suppose, vingt-cinq députés opposants et même républicains (ce que vous ne savez pas toujours), que faites-vous? Vous n'avez ressaisi votre souveraineté pendant un jour que pour l'aliéner pendant six ans, et pour la passer à ces vingt-cinq hommes, qui la repasseront à la majorité, qui la repassera aux ministres, qui la repasseront à l'empereur; ce n'était pas la peine de vous déranger!

Aucune protestation, au contraire, n'est inutile ni funeste; on n'en peut dire autant de toute élection. Tout effort fait dans le sens de la vérité, est utile; rien ne se perd dans le monde moral, pas plus que dans la nature physique; toute force dépensée pour une bonne cause, lui profite tôt ou tard; tout triomphe d'une vérité est le produit des efforts accumulés des générations; mais toute concession à l'erreur et au mal est nuisible, en dépit de la bonne intention, et des reprises ultérieures, et de l'espoir hasardeux de compenser le sacrifice par le service, et tout désastre de la justice dans l'histoire est le produit d'une série de concessions. Faisaient-ils des concessions, les premiers chrétiens? Ils affirmaient nettement, résolûment, héroïquement leur erreur. Faisaient-ils des concessions, les hérétiques, les protestants, les Jacques, les Girondins, les Jacobins et les derniers martyrs de 1851? Ils aimaient mieux mourir. Toutes les victoires d'une idée ont été dues aux hommes qui l'ont affirmée tout entière. Nous aussi, nous avons une idée à défendre, une cause à servir : la République; sachons donc l'affirmer.

Mais revenons à l'inventaire de vos garanties électorales, c'est-à-dire de celles que vous pourriez avoir. Vous n'avez ni l'instruction primaire universelle, ni la liberté de l'enseignement, ni la liberté de la presse, ni celle de la tribune, ni la liberté individuelle, ni la liberté municipale, ni l'inviolabilité du domicile, ni la sécurité des personnes, ni celle des propriétés, ni le droit de réunion ni politique, ni sociale, ni économique, ni religieuse, ni publique, ni privée, ni le droit de meeting; mais vous avez les images de trois libertés peintes, en trompe-l'œil, sur la façade de l'empire, comme des fausses fenêtres sur le mur d'une prison, et vous avez le droit de contempler ces images, à votre aise, sous la surveillance d'un commissaire de police, à la seule condition de n'y pas toucher, et sans qu'il vous en coûte autre chose que la bagatelle de quelques centaines de francs d'amende, de quelques mois de prison et de quelques coups de baïonnettes. Vous avez un peu moins de liberté que la France de Louis XVI, qui n'en avait guères, et votre situation est un peu plus humiliante que celle que vos pères n'ont pu supporter, ni en 1789, ni en 1830, ni en 1848. Vous n'avez ni le mandat impératif, ni le mandat révocable, ni la responsabilité des ministres, ni celle des fonctionnaires, ni le droit d'interpellation, ni la présentation des lois, ni l'adresse; vous n'avez pas la liberté d'affichage, ni de colportage, ni de distribution, puisque ceux qui entraveront l'exercice de ces droits ne seront pas poursuivis. Vous n'avez pas le droit de siffler au théâtre, ni de fêter les morts, ni d'honorer les martyrs, ni de saluer les victimes et de manquer de respect aux assassins; vous n'avez pas même le droit de chanter votre chant national! Voilà quelques-unes des forces légales que vous n'avez pas; voici quelques-unes de celles que l'empereur a contre vous, et qu'il vous a prises en une nuit.

Il a sa constitution, qu'il a faite tout seul, comme Lycurgue, mais pas pour les mêmes motifs, laquelle tient textuellement ce langage : « Le président de la République (ne faites pas attention, c'est le même) est le chef de l'Etat ; il commande les forces de terre et de mer ; déclare la guerre ; fait les traités de paix, d'alliance et de commerce (art. VI)... L'empereur (c'est toujours le même) a SEUL l'initiative des lois (article VII). » Il a aussi l'article XIII, qui remplace la responsabilité ministérielle par la responsabilité impériale, de telle sorte qu'il n'aura de comptes à rendre qu'une seule fois, la bonne ; il a l'article XXXIII, qui autorise le sénat, sur la proposition dudit empereur, à prendre des mesures d'urgence, en cas de dissolution du corps législatif ; il a le sénatus-consulte du 30 décembre 1852, qui lui donne le droit de modifier les tarifs dans les traités de commerce, et le sénatus-consulte du 18 juillet 1866, qui défend de discuter la constitution ; il a naturellement pour lui toutes les lois, puisque c'est lui qui les fait, et qu'un bon gouvernement doit faire la loi pour lui et non contre lui, comme disait un ministre imprudent, dans la dernière discussion sur les clubs. L'empereur (puisqu'il faut l'appeler par son nom) prépare et propose la loi par son conseil d'Etat ; il la vote par sa majorité législative ; il la revote par son sénat, et la promulgue par lui-même ; puis, cette bonne loi ainsi faite, préparée par lui, proposée par lui, votée et revotée par lui, et promulguée par lui, c'est encore lui qui l'applique et la fait exécuter, par son exécutif, par son administratif et par son judiciaire, par ses ministres, par ses préfets, par ses juges, et par sa force publique, c'est-à-dire quand il veut et comme il veut ; puis, de peur que cela ne suffise pas, il fait encore la loi par des procédés plus simples et sous forme de sénatus-consultes, de règlements généraux, d'arrêtés du conseil d'Etat et d'arrêtés ministériels; et, par un procédé plus simple encore, il légifère tout seul, sous forme de décrets; enfin, quand tout son arsenal de lois liberticides est épuisé, quand il se voit cerné, bloqué, traqué dans sa tanière légale, quand le danger approche, quand la justice arrive, quand il ne reste plus à son crime aux abois ni la moindre loi pour se couvrir, ni le moyen d'en faire de nouvelles, alors il s'en passe et fait un coup d'Etat.

Et c'est dans un tel milieu législatif que vous voulez faire de l'opposition législative; et, entre mille modes d'action que comporte la résistance, vous préférez le mode législatif! et contre les armes qu'il a, vous choisissez... quoi? celles que vous n'avez pas! Et encore, avons-nous tout compté? Non, sans doute; vous n'attendez pas de moi une énumération complète; non, quand j'aurais une bouche de fer, je serais las et vous lasserais avant d'en avoir dit la moitié; je ne vous donne que la fleur du sujet et le dessus du panier.

Il a encore contre vous, chers électeurs, l'ignorance publique, soigneusement entretenue; il a le timbre, le cautionnement, la déclaration, la contravention, la censure, le colportage, la vente sur la voie publique, et Sainte-Pélagie au fond du paysage; il a l'intimidation, la corruption, la centralisation, la pression administrative et l'état de siége moral; la manipulation de la carte, des listes et même des urnes électorales, si vous n'y veillez; il a le serment; il a les candidats officiels, officieux, agréables, patronnés, tolérés, spontanés, dévoués, indépendants et vaguement libéraux, sans compter les candidats officiels en bourgeois; il a la réduction du nombre des députés et du temps des sessions; il a le droit de convocation, de prorogation, de dissolution; il a la nomination du président, la police des séances et la censure des comptes-rendus.

Enfin, il a les largesses, les promesses et les coups de théâtre : il fait des largesses d'argent aux communes, et des largesses de sang à l'Eglise; du sang et de l'argent des autres, cela s'entend; il promet tout à tous, et donne bruyamment quelques chemins vicinaux, quelques pensions militaires, les livrets facultatifs et les soupes économiques. Tout l'art consiste à promettre beaucoup, à donner peu et à recevoir tout, c'est-à-dire à obtenir de voûs les moyens de garder le plus longtemps possible votre souveraineté.

Il a tout cela contre vous; qu'avez-vous contre lui? La protestation ! Ce pouvoir, si formidablement armé pour la lutte légale, n'est pas capable de soutenir le moindre assaut révolutionnaire, ni de tenir contre une manifestation énergique du suffrage universel; les réunions électorales n'ont qu'une chose à discuter : la déchéance ! Qu'elle soit votée par une seule circonscription, l'empire est ébranlé; qu'elle le soit par une seule grande ville, l'empire est renversé ! Le suffrage universel, tel qu'il est, ne peut pas faire un député, et peut faire une révolution ; le désespoir de ce vaincu peut être notre salut; qu'il considère les élections qu'on lui demande comme un appel au peuple, et qu'il réponde immédiatement, directement, catégoriquement, définitivement. Voulons-nous, oui ou non, être un peuple libre? Qu'il réponde tout seul et tout de suite ; la question est claire. Qu'attendons-nous pour répondre? Nous n'avons pas besoin, pour cela, de six ans et de 292 députés. C'est même là la vraie mission du suffrage universel, il n'a été créé et mis au monde que pour regarder de temps en temps si la souveraineté est toujours à sa place, et pour l'y ramener, si elle s'en est écartée, et la rendre au peuple qui se l'est laissé prendre ; c'est là sa fonction ; c'est son métier, qu'il le fasse ; s'il ne le sait pas, qu'il l'apprenne, et qu'il débute, en 1869, par un coup de maître !

Je n'ai ni pu ni voulu énumérer toutes les entraves du suffrage universel et de la résistance légale ; notre ennemi a pour lui contre nous, dans la lutte légale, la violation de la loi naturelle par la loi écrite, et de toutes les deux par lui-même ; si bien que même les dispositions tutélaires qui peuvent rester encore dans notre législation refondue dans son moule, marquée à l'N, comme nos ponts, et embellie comme Paris, ne sauraient protéger personne, puisque, quand il ne peut plus corrompre la loi, il la viole, et quand il ne sait plus que dire, il appelle la garde. Et remarquez comme les choses sont plaisamment interverties : à notre résistance légale, si faible, il est contraint d'opposer à chaque instant une résistance révolutionnaire et d'employer sa force publique, nous avertissant ainsi du moyen qu'il faut prendre, faisant lui-même, pour le mal, dans la plénitude de sa puissance légale, ce que nous devrions faire, pour le bien, nous que les lois ne protégent pas. Toutes les forces judiciaires et militaires de la France, complices de cet homme et conjurées contre ses juges, il semble que son crime pouvait dormir tranquille sans avoir beaucoup à craindre de la résistance légale ; mais ce n'était pas encore assez pour le rassurer ; il voulut encore soumettre nos représentants à un serment de fidélité à sa constitution et à sa personne, comme un geôlier qui, après avoir enchaîné son prisonnier, lui ferait jurer de ne pas s'en aller. Puis, le serment du député ne lui paraissant pas suffisant, il a décrété le serment préalable du candidat. Ce serment perfectionné est le chef-d'œuvre de son système de défense ; le but de l'inventeur semble avoir été non-seulement d'empêcher ses ennemis d'entrer, mais aussi de désarmer ceux qui entrent. Sans doute, la résistance parlementaire a reculé plus d'une fois devant le souvenir de cette parole donnée, même quand celui qui osait l'invoquer était Morny, le complice du coupable, Morny, le frère du parjure. Sans doute, il faut voir dans un scrupule de ce genre une des causes qui ont paralysé l'action de la minorité, dans certaines circonstances où on l'eût souhaitée un peu plus vigoureuse ; plusieurs, il est vrai, parmi les députés de la gauche, ont laissé, par moments, échapper le cri de leur honnêteté révoltée, et ont prononcé de mâles et courageuses paroles, mais ils reprenaient bientôt le ton parlementaire, et l'audace des grandes résolutions leur a toujours manqué. Pourquoi n'ont-ils pas suivi l'exemple de tant de conseils municipaux qui se sont retirés plutôt que de continuer à délibérer sous la pression d'un maire non élu et d'un préfet ? Le serment ! Pourquoi n'ont-ils pas proposé la déchéance ? Le serment ! ni l'accusation ? Le serment ! pourquoi pas même une démission isolée ? Le serment ! Pourquoi n'ont-ils pas su trouver dans Paris leur salle du Jeu de Paume, ou leur mairie du 10e, où le peuple les aurait suivis ? Le serment, le serment ! Pourquoi n'ont-ils pas ambitionné la gloire de Manuel et l'honneur d'une expulsion que la majorité ne leur eût pas refusé ? Le serment ! toujours le serment !

Et si on me dit que ce n'est pas le serment qui les retient, alors je demande quoi ? C'est ce serment dont Proudhon disait qu'on ne pouvait ni le trahir ni le tenir, et dont d'autres disent que ce n'est qu'une formalité sans conséquence. Pour moi, je crois qu'un serment, même politique, est une promesse, et qu'une promesse ne saurait perdre son caractère obligatoire, par cela seul qu'elle est solennelle, ou politique, ou enveloppée d'une formule religieuse, ou faite à un malfaiteur; que le serment est quelque chose ou qu'il n'est rien, et que dans les deux cas, le mieux est de ne pas le prêter; qu'il est toujours pris au sérieux par quelqu'un, et qu'il est difficile d'en mesurer l'effet sur le public; que l'exemple d'un bon citoyen qui le subit peut servir de prétexte aux mauvais qui l'exploitent, et ouvrir la porte aux intrigants; qu'il devient difficile, professant la théorie de sa nullité, de juger les Dupin, les Pasquier et les Bonaparte qui l'ont si largement pratiquée; que si on le considère comme un sacrifice utile et une humiliation féconde, il reste à démontrer que le sacrifice est compensé, et qu'aucune humiliation ait jamais été féconde; qu'un serment n'est pas une de ces forces neutres dont la valeur morale dépend de l'usage qu'on en fait, qu'il vaut ce qu'il vaut par lui-même, et qu'après tout, personne n'est forcé d'être député.

Voilà ce que je pense du serment, et le pensant, j'ai dû le dire; mais quand je considère certains noms qui représentent l'opinion contraire, noms vénérés qui doivent m'imposer le respect, sinon le silence, noms par qui la résistance légale serait glorifiée, si elle pouvait l'être, je demeure consterné devant l'étendue du désastre public. Nos maux sont-ils si grands, qu'il y faille de tels remèdes? Quoi! fourvoyer ces dévouements et humilier ces gloires! Non, ces hommes se trompent; leur générosité les égare; mais à vous, électeurs, la faute et la responsabilité! à vous qui les entraînez avec vous dans la résistance légale, au lieu d'engager la vraie lutte, plus digne d'eux et de vous. Il faut reconnaître que s'ils ont tort de vous suivre, vous ne sauriez être tout à fait excusables, vous, d'être allés si follement vous engouffrer dans ce chemin creux.

J'avoue ne pas comprendre le changement de front d'une partie de la démocratie républicaine; je ne comprends pas que ce qui était bon en 1863 soit devenu mauvais en 1869, que ce qui était un devoir alors, n'en soit plus un aujourd'hui, et qu'une concession ne soit plus une concession, qu'un engagement ne soit plus un engagement, et que la promesse du 19 janvier ait changé tout cela. Cette promesse n'a rien changé à la situation respective des deux souverains, du spoliateur et du spolié, de l'empereur et du peuple; il n'y a, en France, qu'un mensonge de plus. Mais le jeu de la force et de la perfidie, qui peut tout bouleverser en une nuit dans l'ordre des faits, ne peut sévir aussi vite dans l'ordre des idées; en un instant fatal, il a pu tout contre les institutions, et rien encore contre la conscience publique; les révolutions militaires peuvent mettre sens dessus dessous le monde matériel, et pendant longtemps les derniers bruits de tout ce tapage viennent mourir au seuil du monde moral; ce monde-là reste hors de la portée des coups d'Etat. Nul ne peut, en une nuit, décembriser le for intérieur, ni décréter la mise en état de siége de la raison; faites passer et repasser pendant vingt ans les armées des Césars sur le ventre des peuples, et si vous n'avez pas tué l'âme, c'est-à-dire la conscience morale et la notion de justice, vous n'avez rien fait, et votre empire n'est pas fondé; et si l'idée vit, le peuple vivra; et si le peuple vit, l'empire est mort. Veillons donc au seuil du monde moral, pour empêcher le sophisme d'entrer! Conservons religieusement, conservons intactes nos idées de justice, de liberté, de devoir, de droits, de dignité et même de foi jurée, dût cette dernière notion paraître à quelques-uns mystique et superstitieuse; j'aime assez, je l'avoue, la superstitution de l'honnêteté. Et quant à la tactique, quiconque reconnaît avec nous l'identité de la politique et de la morale, restera, comme nous, convaincu que l'attitude politique la plus conforme à la morale sera par cela même, nécessairement, la plus funeste à l'empire et la plus utile à la République. Un gouvernement n'est jamais plus sûrement renversé que par son contraire. L'empire, fondé par la trahison, peut être renversé demain par la sincérité. Electeurs, votez sincèrement, non pour un député républicain, mais pour la République!

Entreprenez vous-mêmes la besogne de vos députés. Je ne reproche à leur œuvre qu'un seul défaut, mais grave : c'est de n'être pas encore terminée : *pendent opera;* leur travail n'a qu'un tort, c'est de n'être pas fini; il ne manque à leur course qu'une chose, c'est d'être arrivés; ils étaient là pour tuer l'empire, et l'empire vit encore; il vit encore après dix-huit ans; il a atteint l'âge de la royauté de juillet; il a fallu dix-huit ans à la résistance légale pour abattre la royauté de juillet, et on avait les conditions de la lutte légale; on avait le milieu constitutionnel, on avait un système parlementaire, armé de toutes pièces, et il a fallu dix-huit ans!

Contre la monarchie militaire de décembre, vous n'avez aucune des conditions nécessaires à la résistance légale, ni milieu constitutionnel, ni système parlementaire.... j'en conclus qu'il faut un autre mode de résistance. Le système électoral, aussi impuissant pour la résistance légale que le système parlementaire, également faussé, brisé, démonté, désarmé, privé de toutes les conditions et de toutes les garanties nécessaires à son fonctionnement normal, le système électoral ainsi paralysé peut encore servir à une protestation; ce cadavre peut encore être galvanisé et se redresser terrible et souffleter son meurtrier. Puisque le suffrage universel a pu faire l'empire en dormant, qu'il le défasse en se réveillant; ne lui demandez pas autre chose, mais demandez-lui cela! il le peut! Electeurs des villes, si vous le voulez, il le fera!

En un mot, le suffrage est la plus grande force de la résistance, le corps législatif en est la moindre et la moins sûre. Choisissez l'arme qui vous défend, et non celle qui vous blesse; que le suffrage universel prononce directement la déchéance; qu'il dise à l'empereur : Va-t-en! et l'empereur s'en ira. Si, au contraire, vous préférez entendre six ans encore le dialogue des Honorables et des Excellences, alors gardez la pastorale et gardez le berger, restez troupeau et recevez les coups, mais ne vous plaignez pas! C'est vous qui l'aurez voulu!

Les plus ardents électionnistes ne disent pas que l'abstention est mauvaise; ils conviennent que c'est le mode le plus énergique de la résistance électorale, si énergique même, qu'on n'y doit recourir que dans les cas extrêmes; mais ils disent qu'on ne peut le faire adopter par les masses; que c'est une idée trop compliquée, et que l'idée du vote est plus simple; que la tactique qui isole l'empire est la plus puissante, la plus sûre; que c'est l'idéal, que c'est trop beau (précisément la même objection qu'on fait à la République, à la morale scientifique, au socialisme, à toutes les vérités militantes); qu'il faut tenir compte des tendances populaires, suivre les courants qu'on ne peut remonter; que la masse ne sait que voter, qu'il ne faut lui demander que ce qu'elle peut donner.—Et quand cette masse vous donnait l'empire, l'acceptiez-vous? Aujourd'hui qu'elle veut vous imposer une tactique humiliante, plus dangereuse pour vous que pour l'empire, vous ne devez pas l'accepter davantage.

Ah! le choix des moyens est chose trop grave pour qu'il soit permis de s'en remettre au sort; un acte politique doit être bon à la fois en lui-même et dans ses conséquences. Les choses neutres ou mauvaises en soi sont jugées par le succès; les concessions sont mauvaises en elles-mêmes; nul ne s'en vantera, si elles restent stériles; vous comptez sur la fin pour justifier vos moyens, et vous professez la souveraineté du but; vous abandonnez votre tactique au caprice des multitudes, vous espérez qu'elle sera moralisée par le hasard et sanctionnée par le nombre.

Au contraire, les actions bonnes en soi sont toujours bonnes, quoi qu'il arrive; que tout le monde ou qu'un seul les fasse, il n'importe : leur valeur ne dépend pas du nombre; chacune d'elles porte en soi sa vertu indépendante, sa puissance, son efficacité; oui, son efficacité; toute abstention voulue et manifestée est une protestation contre l'empire, et toute protestation est efficace; toute concession, même par tactique, est une adhésion, adhésion momentanée, imposée, révocable, je le sais, mais enfin adhésion. Vous ne cédez que pour reprendre, et même beaucoup plus que vous n'aurez cédé, mais êtes-vous sûr de reprendre seulement autant? L'avantage pour vous est incertain et éloigné; il n'y a de certain que la concession, qui est acquise à l'ennemi; vous vous dépouillez d'une partie de vos armes, avant de combattre; c'est chevaleresque, mais est-il prudent de commencer par là? Vous subissez les conditions d'un adversaire déloyal, et vous le suivez sur son terrain par lui préparé, miné et machiné; n'est-ce pas téméraire? Vous entrez dans le repaire, mais savez-vous comme on en sort? Avant d'engager la partie avec l'empire, vous commencez par lui rendre des points; êtes-vous assez forts pour cela? Moi pas; j'ai besoin de toutes mes forces pour ma part de la lutte, et je les garde. Vous dites que vous suivez la foule, parce que vous êtes ses chefs; est-ce une bonne raison? En 48, un prince prêtait serment à la République; aujourd'hui la République prête serment à un prince; est-ce un progrès?

Vous dites encore, chers électionnistes, entraînants ou entraînés (car je ne me permettrais pas de vous combattre, sans avoir étudié vos objections), vous dites encore : La minorité gagnera du terrain, elle entamera la majorité. Cela serait vrai dans un milieu parlementaire; vous oubliez qu'avec les candidatures officielles, la présidence élue, et le reste, la majorité est inaccessible à la persuasion, sourde par ordre, et aveugle par amour, approuvant tout, applaudissant avec ensemble, et votant comme un seul Belmontet; une brigade de sûreté qui veille au salut de l'empire, et non une assemblée qui délibère sur des intérêts sérieux; que la minorité est sans prise sur elle, comme elle est sans grande action sur le public, tant qu'il lui manque la liberté de la tribune et la liberté du compte-rendu.

Vous dites encore : La même majorité, les mêmes hommes vont revenir, vomis par la même source officielle, sortant de la même manufacture électorale et estampillés par les mêmes préfets, mais animés de sentiments nouveaux, retrempés par l'opinion, baignés dans le grand courant, vivifiés au souffle de la liberté, et n'ayant plus qu'une docilité douteuse, une obéissance suspecte, un zèle refroidi et un impérialisme éventé. Cette majorité-là aura retrouvé ses yeux, ses oreilles, son indépendance, enfin tout, et voudra sortir de page ; elle jettera la calotte de M. Rouher par dessus les moulins; elle pensera sans lui, délibérera toute seule, saura parler et même écouter, et votera comme une majorité naturelle. Vous dites cela, mais vous n'en êtes pas bien sûrs ; et quand cela serait, voulez-vous être délivrés par une révolte de bonapartistes?

Vous dites encore : L'opposition arrachera peu à peu à l'usurpateur la restitution d'un quart, d'un tiers, d'une moitié des libertés usurpées. Cela, c'est la théorie du couronnement de l'édifice ou de l'empire libéral ; c'est une croyance naïve des vieux âges, que je croyais abandonnée comme trop primitive, et qu'il faut laisser à M. Duruy ; je vous ferai remarquer seulement que, dans cette hypothèse, il resterait encore à examiner s'il n'est pas vrai, comme on l'a dit, que la restitution ou *l'octroi* de libertés partielles retarde plus l'avènement de la liberté que ne sauraient faire les excès du despotisme. Et puis cette majorité opposante, quand sera-t-elle constituée, si elle se constitue ? Dans douze ans ? Faut-il donc recommencer, sous l'empire, la lutte de quinze ans ou de dix-huit ans déjà deux fois soutenue et deux fois terminée par la victoire? Faut-il fournir trois fois la même carrière, et faire trois fois le même chemin? Sommes-nous encore en 1815 ou en 1830? Est-ce ainsi que vous comprenez l'histoire de France et la marche de l'humanité? Quoi ! l'édifice de scélératesse a été élevé en une nuit, et il faudrait trente ans pour le détruire?

Quoi! encore douze ans de tournoi à armes courtoises, quand le combat à outrance peut être livré dès demain? Quoi! encore douze ans d'humiliation au dehors, de servitude à l'intérieur, de réaction en Europe, de paix armée partout? douze ans de crise universelle? N'est-il pas temps d'en finir avec les éternels ennemis de la société, je veux dire les mercenaires de tous les despotismes; avec les barbares de la civilisation et les bohèmes de la politique, j'entends les courtisans de tous les pouvoirs; enfin avec les incorrigibles ennemis de l'ordre, de la famille, de la propriété, et les partageux du budget, j'ai nommé les bonapartistes.

Voulez-vous vous jeter pour la quatrième fois dans les hasards d'une lutte constitutionnelle à tâtons et d'un colin-maillard électoral où vous avez été trois fois battus et même un peu bernés? Sur vos neuf députés de Paris, n'en révoquerez-vous aucun? N'en est-il pas jusqu'à quatre que je pourrais nommer qui ont insuffisamment répondu à vos espérances républicaines? Et Paris est pourtant le milieu électoral le moins mauvais, un milieu où on n'a pu éteindre toute la lumière, où il reste encore une sorte de demi-jour pour se conduire. Voulez-vous recommencer l'expérience? Il me semble qu'avec ce système-là la République viendra bien tard.

Vous dites encore: Moi, prêter serment? jamais! Mais voici monsieur qui y consent et que je recommande à vos suffrages. — Je trouve ce procédé un peu cavalier; je ne me crois pas le droit de faire meilleur marché de la fierté d'un autre que de la mienne, ni de conseiller à autrui ce que je ne ferais pas moi-même.

Vous dites encore : Si vos représentants sont un peu empêtrés dans le filet de la légalité impériale, ils feront au moins quelques pas en avant et donneront quelques poussées ; s'ils sont un peu bâillonnés, s'ils ne peuvent pas dire tout, ils diront au moins quelque chose, et feront passer quelque vérité. — Il y a deux sortes d'orateurs et d'écrivains, ceux qui disent tout ce qu'ils savent et ceux qui n'en disent qu'une partie, et qui ferment, comme Fontenelle, leur main encore pleine de vérités. Je crois que c'est un devoir pour l'orateur et pour l'écrivain qui se donnent charge d'âme et d'intérêts publics, de dire, comme un témoin en justice, non-seulement la vérité, mais toute la vérité. A ceux qui pratiqueraient au corps législatif une doctrine contraire, celle, par exemple, qui nous prévient que toute vérité n'est pas bonne à dire, je ferais cette objection : Les ennemis seuls de la vérité ont pu répandre l'opinion qu'il était sage de la cacher quelquefois; on ne la connaît jamais trop tôt, ni même assez tôt ; il n'a jamais paru dangereux à personne de dire toute la vérité dans une science physique ; pourquoi en serait-il autrement dans une science morale, en histoire, en politique? La vérité ne peut faire que du bien à celui qui l'apprend ; quant au danger de celui qui la divulgue, je n'en parle pas, et je ne fais pas l'injure aux partisans de la vérité mesurée et de l'éloquence contenue, de supposer qu'ils obéissent, dans la pratique, à un autre intérêt que l'intérêt général qu'ils font profession de servir ; d'un autre côté, c'est avoir une bien grande confiance en soi-même que de juger qu'on possède assez de vérités pour n'en devoir publier qu'une partie, et assez de force pour n'en devoir dépenser que la moitié. Qui que vous soyez, vous vous devez tout entier ; dites tout ce que vous savez, ou taisez-vous ! Faites tout ce que vous pouvez, ou ne prétendez plus représenter l'action ! Or, vous savez fort bien que l'empire est une installation de coquins et que l'empereur est un malfaiteur; ne serait-il pas temps d'en causer un peu? Vous savez fort bien aussi que la République est le rétablissement de l'ordre, le triomphe de la justice, le salut du peuple et la gloire de la France; ne serait-il pas temps d'en dire quelques mots? Or, quand vous discutez, avec la domesticité impériale, un projet de loi d'intérêt impérial, préparé et présenté par le conseil d'Etat impérial, il me semble que vous sortez un peu de la question. Il n'y a qu'une question posée en France, pour le peuple français : Vivre sans l'empire, ou mourir par lui; être ou ne pas être. C'est cette question qu'il conviendrait de discuter; le voulez-vous?

On dit encore : Les élections servent à agiter et à se compter. — Oui, et je prétends même qu'elles ne doivent servir qu'à cela; c'est en quoi nous différons. On dit aussi : Les progrès de l'opinion sont dus aux efforts de la gauche. Sans être ingrat pour la gauche, je crois pouvoir dire que les fautes du gouvernement, le souvenir renouvelé de ses premiers crimes, et nos désastres, et l'excès de nos maux, ont singulièrement aidé l'éloquence et contribué plus qu'elle à former l'opinion. En résumé, l'action de l'opposition légale est facile sur l'opinion, lente et à peine sensible sur la marche du gouvernement; il faut encore des années pour qu'elle transforme notablement le milieu parlementaire, et le jour où elle ferait passer une loi, il faudrait encore le vote du sénat pour la promulguer. Attendrez-vous aussi que vous ayez la majorité dans le sénat?

Vous dites encore, ô électionnistes électionnants qui prenez l'ombre pour le corps, et des élections pour des *Lanternes*, vous dites : Le vote est la seule arme légale qui nous reste, il faut nous en servir. Jusques-là nous sommes d'accord ; mais vous voulez vous en servir pour inaugurer le parlementarisme impérial, et c'est là que nous ne nous entendons plus ; aiguisez votre arme au lieu de l'émousser, et servez-vous du vote pour vous manifester en dehors de l'empire, sans équivoque ni sous-entendu, car c'est faire injure à la bonne cause que de ne pas l'affirmer séparément ; la liberté ne doit pas prendre le mot de passe du despotisme et lui demander un sauf-conduit ; en se cachant à ses ennemis, elle se cache aussi à ses amis ; pour vaincre, il faut qu'elle se montre ; j'ajoute que cela suffit.

Vous dites encore : La tribune fera l'éducation politique du peuple : ayons des tribuns, nommons des députés. Le peuple assurément n'est pas encore très-avancé dans ses études politiques ; il a commencé ses classes en 89, et les a, depuis lors, souvent interrompues ; mais il n'est pas plus bête, dans tous les cas, que ses gouvernants, et il n'a pas besoin d'une éducation nouvelle de six ans encore, outre les douze ans qu'il vient de passer à la même école, pour savoir que lesdits gouvernants sont des scélérats doublés d'imbéciles, et qu'il serait mieux gouverné par lui-même que par eux. Si c'est pour faire cette révélation au peuple que vous voulez siéger six ans, vous pouvez rester chez vous. C'est du reste mal connaître le génie de la nation que de lui conseiller de former lentement et péniblement, et non sans danger, une minorité législative plus compacte, pour aboutir à une dissolution tardive qui ne serait encore qu'une solution douteuse.

Quand ce génie se réveille, il agit soudainement. Ah ! vous comptez sur la tribune sage et modérée, pour parfaire en vingt ans l'éducation du peuple ! et moi je vous dis que, demain, ce peuple aura fini son éducation et commencera la vôtre, et balaiera de son souffle le bloc-empire et tous ceux qui y auront élu leur domicile politique.

Je m'étonne pour moi qu'un citoyen à qui on dit : La question de salut est posée, la question d'honneur est posée, la patrie est en danger ! » se contente de répondre : « Attendez, nous allons discuter cette affaire-là avec M. Rouher. » — Est-ce qu'il n'y a pas quelque chose de mieux à faire ? Discuter avec M. Rouher, bons dieux ! M. Rouher que les journaux d'ici appellent « le laquais de la parole ! » Mais vous ne discuteriez pas, avec lui, même une frivole question de goût dans un salon ; car on ne discute qu'avec ceux qu'on suppose de bonne foi, et vous savez qu'il ment systématiquement, et qu'il l'avoue lui-même, et qu'il a eu la politesse de vous prévenir un jour qu'il se voyait forcé de dire la vérité ; et vous consentez à discuter avec un tel homme un intérêt public, à la tribune française, sous les yeux de l'Europe ! Est-ce donc pour cela que l'éloquence est faite ? Vous défendez vos idées contre un homme qui défend sa plaque ; n'y a-t-il pas là un quiproquo dont la résistance légale est dupe, et nous avec elle ?

Vous dites enfin : Si l'opposition parlementaire ne fait pas de bien, elle ne fait pas de mal, et d'ailleurs l'Empire tombe tout seul. C'est vrai, mais il faut l'aider, parce que chaque jour ajoute à nos désastres et à notre honte. Dans cette lutte à outrance entre un peuple et son ennemi intérieur, c'est quelquefois le peuple qui succombe ; le peuple romain avait la vie dure, et il a lutté cinq cents ans contre le césarisme, mais il en est mort ; quand un fléau s'abat sur un pays, il n'y a pas une minute à perdre ; c'est l'incendie qui court sur vos maisons, et vous bâillez comme des Musulmans; c'est la peste qui étend ses ravages, et vous la regardez venir; c'est l'égout qui se fait torrent, déborde et vous inonde, et vous le laissez monter; c'est la guerre, c'est la famine, c'est le despotisme avec toutes ses plaies, l'empire, avec toutes ses hontes, et vous hésitez; c'est le césarisme, et vous attendez! vous jouez aux élections, comme en plein régime constitutionnel; et vous vous endormez sous le mortel ombrage, et vous allez mourir asphyxiés.

Voilà ce que je dirais aux électionnistes nouveaux; quant aux électionnistes anciens, systématiques, endurcis et même élus, roués au culte de la résistance légale et la pratiquant depuis six ou douze ans avec un talent digne d'un meilleur sort, je demande à leur soumettre quelques observations.

Le point d'appui de la force qui attaque doit être pris en dehors de la force attaquée. Pour que deux forces se combattent, il faut qu'elles se séparent, s'opposent, s'isolent l'une de l'autre, s'affirment contradictoirement; qu'elles se lèvent en face l'une de l'autre, comme deux vents contraires; qu'elles soient antagoniques, antinomiques, inconciliables, antipathiques; qu'elles soient comme le feu et la poudre, que leur rapprochement soit une explosion, et que l'une des deux y périsse; il faut enfin qu'elles n'aient rien de commun, rien! que l'espace pour s'y poursuivre, et le sol pour s'y écraser; il faut qu'elles soient réfractaires l'une à l'autre; qu'elles se répugnent, se repoussent, se renient et s'excluent; en un mot, qu'elles soient deux. Cela est aussi élémentaire en morale qu'en physique. Cette loi régit aussi bien les forces des partis, dans une société, que celles des éléments dans la nature. Cette loi, comme toutes les lois, est universelle. La résistance légale n'en tient nul compte : sa force se mêle à la force ennemie, elle s'y dissout ; faute d'avoir su choisir son point, son action est faussée et ses coups sont perdus.

Un Etat despotique est, comme tout Etat, un organisme qui s'assimile tout ce qui s'incorpore à lui ; la résistance légale n'échappe pas à cette loi. Son erreur, c'est de prendre son point d'appui au centre de l'obstacle, de placer sa base d'opération dans le camp ennemi, de faire son siége à l'intérieur de la place, d'entrer dans un des grands corps de l'Etat, de se mêler à l'Etat et de se mouvoir en lui. Elle croit modifier le milieu, et c'est le milieu qui la modifie ; il ne faut pas emménager dans la maison qu'on veut démolir. La première chose à faire avant de s'élancer contre l'empire et de le battre en brèche, c'est d'en sortir.

Qu'une petite pierre tombe entre les rouages d'une machine, il arrive de deux choses l'une : la machine s'arrête ou la pierre est broyée ; vous êtes entrés dans la machine construite, montée, organisée, mise en mouvement et dirigée par la volonté impériale, et vous n'avez pas été broyés, et la machine fonctionne, et vous avec elle ; elle n'est point arrêtée par vous, ni vous brisés par elle ; il semble même qu'elle n'en opère que mieux et plus proprement, comme si vous n'étiez là que rouage, soupape, ressort et contrepoids ; comme si vous n'étiez là que pour servir de régulateurs au mouvement et pour faciliter le jeu de l'institution, et cela contre votre gré, et à votre insu, car vous êtes des hommes de bonne foi et de bonne volonté, des hommes dévoués à leur mandat et au bien public (on ne discute qu'avec ceux-là) ; mais enfin il s'agit de savoir si vous tenez l'empire, ou si c'est lui qui vous tient, et si vous n'êtes pas emportés par le monstre que vous avez harponné, et cela par la force des choses et en dépit des meilleures intentions ; et si cela était vrai, s'il était vrai que vous avez été impuissants, et si vous reconnaissiez avec nous cette impuissance, il faudrait en rechercher les causes. Certes ce n'est pas le talent qui vous manque ; vous êtes une brillante pléiade oratoire : l'un a l'élégance athénienne, l'autre l'esprit parisien ; celui-ci a l'indignation farouche d'un tribun romain, celui-là sait charmer, cet autre sait gronder ; un autre est la lumière ; un autre était la foudre ; tous ont l'expérience de la lutte et des affaires ; ce sont des parlementaires accomplis. Que manque-t-il à ces parlementaires ? une seule chose : un Parlement.

Que si quelqu'un me demandait à quel titre j'ose, moi, chétif, critiquer publiquement des personnes politiques aussi considérables et même les apostropher, je répondrais : Eh bien ! à titre d'électeur, donc ! est-ce que je ne suis pas souverain pendant vingt jours ? est-ce que je n'ai pas le droit de demander des comptes à mes mandataires ? j'ai mon dix millionième de souveraineté ; j'ai mes vingt jours, et j'en use ; il est vrai qu'il y a peut-être bien encore quelque part un empereur qui m'a fait condamner, par ses juges ordinaires, à la perte de mes droits politiques ; mais je m'en moque ; c'est même une raison de plus pour que je m'occupe de lui faire enlever le plus tôt possible le superflu des siens.

Je vous demande donc : Qu'avez-vous fait de l'empire qu'on vous a confié pour le démolir ? Nous en rapportez-vous les morceaux ? Quoi ! rien, après une guerre de six ans ? Pas la moindre dépouille opime ? Vous n'avez rien pris à l'ennemi, pas même une aigle ? Vous n'avez pas fait adopter une seule bonne loi, ni fait re-

5.

pousser une seule mauvaise, ni empêché un seul acte arbitraire, ni une seule faute, ni une seule folie, ni un seul attentat, ni un seul crime; vous avez tout laissé passer et tout laissé faire; laissé passer la loi contre la liberté de la presse; la loi contre le droit de réunion, et la loi contre la paix, et les impôts et les emprunts et les pillages et les gaspillages? Vous avez laissez faire Mentana? Vous n'avez pas fait destituer et poursuivre un seul fonctionnaire, un seul agent du pouvoir, pas même ceux qui volent, pas même ceux qui tuent? Vous laissez les honnêtes gens en prison et les malfaiteurs en liberté! Vous n'avez pas même pu retirer des mains du larron Haussmann le porte-monnaie de la ville de Paris, qu'elle ne lui a pas confié! Et vous connaissez nos maux, et vous en connaissez les auteurs, et vous discutez courtoisement avec eux de petites réformes, de petites modifications et de petites économies! et cela quand la France se débat sous l'étreinte de ses bourreaux! quand la patrie n'en peut plus de rage et de douleur, quand elle meurt de faim, quand elle meurt de honte! Trop doux, messieurs, vous êtes vraiment trop doux! trop patients aussi, si vous voulez parlementer encore pendant six ans!

Nous serions charmés sans doute de vous voir former une majorité; mais pendant que vous faites votre majorité, l'empire défait la fortune, l'influence et la gloire de la nation, l'empire défait la France; il ne faut pas cela. Ce n'est pas dans un an, c'est demain qu'il faut que la France se lève et dise : Non! qu'elle dise non, à la ruine; non, à la servitude; non, à la mort; non, à l'empire; car demain, si nous laissons faire, le mal peut être sans remède; demain, c'est la guerre étrangère; demain, c'est la guerre civile; demain, c'est la banqueroute; demain, c'est l'empereur mourant impuni. Aujourd'hui, le jour des élections, si vous le voulez, messieurs, si Paris, si Lyon, si les grandes villes le veulent, c'est la délivrance sans coup férir; c'est la Révolution pacifique; c'est la justice du peuple réhabilitant la France! Si le suffrage universel veut protester directement, sa protestation fera en un jour ce que vous n'avez pu faire en douze ans. Car je suis persuadé que vous avez fait tout ce que vous pouviez, ou tout ce que vous croyiez pouvoir; et c'est pourquoi je pense que vous ne pouviez rien naguères, et que vous ne pourriez rien plus tard dans le même milieu et avec la même conception politique.

Donc, si vous jugez, comme nous, que nous n'allons pas assez vite, et si, comme nous, vous êtes désolés de n'être pas encore arrivés, concluons ensemble qu'il faut changer d'allure en même temps que de chemin. Une opposition n'a que deux choses à faire : améliorer ou détruire. Améliorer n'était pas à souhaiter, ni à craindre; les rois sont incorrigibles, ce n'est pas celui-là qui démentira le proverbe; reste : détruire; l'avez-vous pu, le pourriez-vous davantage, même si votre nombre est accru de moitié? Sans doute, vous seriez un jour majorité, et l'empire pourrait alors tomber devant vous; je ne conteste point cela; il tomberait même tout seul, sous le poids de sa sottise et de ses fautes; pour asservir la France d'une façon durable, il faudrait au moins un peu d'esprit, et la tyrannie impériale n'est pas née viable; nous savons tous cela; et si la résistance légale reste seule chargée du soin de cette démolition, elle la verra, plutôt qu'elle ne la fera, et elle aura l'honneur de présider à la fête; d'accord; mais à quel prix, et dans combien de temps? Dans six ans; c'est bien tard; et la somme du mal et le nombre des victimes en six ans d'empire, en avez-vous fait le compte, et si vous l'avez fait, acceptez-vous le marché? Et, d'ailleurs, une résistance légale ne peut triompher qu'à la condition de devenir révolutionnaire, ne fût-ce que la veille de son triomphe ; il faut toujours en venir là ; pourquoi pas tout de suite?

Depuis douze ans, l'opposition constitutionnelle a-t-elle absorbé le régime ou a-t-elle été absorbée par lui? A-t-elle servi à incliner le pouvoir vers la nation ou la nation vers le pouvoir? A-t-elle arraché au despotisme autant de restitutions qu'elle lui a fait de concessions? Lui en a-t-elle arraché une seule? A-t-elle devancé ou suivi l'opinion? Est-elle la voix tonnante ou la plainte étouffée de la douleur publique? Contient-elle, réprime-t-elle, écrase-t-elle quelque chose, ou n'est-elle pas elle-même contenue et écrasée? O libérateurs! qui avez-vous délivré? O réparateurs! qu'avez-vous réparé? Quelle justice avez-vous faite, ô justiciers! Où est le coupable que vous deviez juger? Dans quel bagne l'avez-vous jeté? A quelle expiation terrible l'avez-vous condamné? Où est-il? Auriez-vous été trop sévère, ô Convention! Non, non; le drôle n'est pas martyr; sa geôle est encore un palais; son banc d'infamie est encore un trône!

Mais nous ne pouvons rien de tout cela, dites-vous. —C'est aussi ce que je dis, et tout ce que je voulais démontrer. Ce que vous avez pu jusqu'ici, c'est, comme on l'a dit, de donner « à la soif de réformes qui consume le peuple, une sorte de rafraîchissement doctrinaire. » Cela ne nous suffit pas, et ne doit pas non plus vous suffire; je ne me sens pas même rafraîchi. Ouvrez tout! brisez tout! on étouffe dans cet empire;

l'air qu'on y respire est empesté et ne peut être purifié que par un orage; entrez résolûment dans la tempête; déchaînez vos courages, vos colères et vos forces; grondez, tonnez, brûlez et fâchez-vous un peu! Plus d'académie législative! Montons à l'assaut de l'empire! Ou si vous ne voulez pas être l'avant-garde de la Révolution, alors, rangez-vous un peu, pour la laisser passer!

Nous avons essayé de faire voir que le milieu impérial n'est pas favorable à la résistance légale; il nous reste à montrer qu'il est très-favorable à la résistance révolutionnaire. J'appelle *milieu révolutionnaire* un milieu politique où l'excès de puissance de l'Etat provoque la formation et le développement de la résistance révolutionnaire et la maintient en permanence. Tout despotisme crée un milieu semblable, tant qu'il est en présence d'un peuple dont il n'a pu éteindre complètement la vie morale. J'appelle *situation révolutionnaire* une situation favorable, non plus seulement à la formation et au développement, mais bien à l'explosion de la résistance révolutionnaire. L'excès de la souffrance suffit pour créer une telle situation; il s'y produit alors une explosion de la résistance révolutionnaire inconsciente; telles sont les jacqueries de tous les temps. Mais à cette condition, déjà suffisante, peut s'en ajouter une supérieure : l'état de l'opinion ayant conscience non-seulement du mal, mais du remède; non-seulement de l'effet, mais des causes; ayant conscience de la vérité, de la justice et du droit. Si ces deux conditions : l'excès du mal et la maturité de l'opinion, se réunissent, elles créeront la situation la plus favorable à l'action triomphante de la résistance révolutionnaire.

Une telle situation révolutionnaire, engendrée par le

déchaînement des puissances du mal et par l'exaspération de la conscience publique, une telle situation existe-t-elle en France, à l'heure présente ? Il suffit de poser la question pour la résoudre; nous nous contenterons par conséquent de rappeler au lecteur, en peu de mots, quelques-uns des principaux faits dont l'énergique signification peut nous servir à mesurer le mal et à mesurer l'opinion.

Juger le degré du mal est chose facile, hélas ! et que tout le monde peut faire; la dernière expérience de la monarchie nous a coûté cher, mais elle nous a instruits; je ne citerai donc que pour mémoire : les 2,314,000,000 du budget annuel, les milliards d'augmentation de la dépense, les milliards d'augmentation de l'impôt, les milliards d'augmentation de la dette publique, les milliards de déficit, les milliards d'emprunts de l'Etat, les 600,000,000 d'emprunts des départements et des communes, le milliard d'encaisse de la Banque de France, le décroissement de nos transactions, importations et exportations correspondant à l'accroissement de nos charges, les obligations mexicaines, le pillage du budget de la ville de Paris, sous prétexte d'enlaidir la ville et de la fortifier à l'intérieur contre les Parisiens, s'ils voulaient la reprendre; les biens du clergé et des moines reconstitués comme avant 1789, la cherté des subsistances et des loyers, l'abus du droit d'expropriation, la misère croissante constatée par un vote législatif de 3,000,000 de secours exceptionnels, les *irrégularités* de gestion des finances publiques dénoncées par la cour des comptes et avouées par un ministre; enfin, la crise agricole, la crise industrielle, la crise commerciale et la crise financière, sans compter la crise européenne qui détermine le maintien sur le pied de guerre de 5,000,000 de soldats, coûtant aux cinq grandes puissances 9,000,000,000 par an, crise qui a atteint son paroxysme depuis tantôt trois ans et ne finira qu'avec l'empire.

Un brochurier, très-connu par ses inepties, répétait dernièrement, pour défendre la loi sur l'armée, cette ânerie économique et politique, tant de fois réfutée et confondue : « Que le nombre des soldats fait la grandeur d'une nation. » — Ne nous lassons pas de discuter tant que ces gens-là ne se lasseront pas de braire.

La force d'une nation n'est pas dans le nombre des soldats ni dans une armée permanente plus souvent tournée contre la nation elle-même que contre ses ennemis, ni dans la centralisation du pouvoir qui tend à l'isoler de la nation, mais dans l'amour de la patrie, dans la conscience du droit, dans la somme de bien matériel, intellectuel et moral que la patrie représente; dans l'union intime et, à plus forte raison, dans l'identité de la nation et du pouvoir. Le despotisme qui détruit l'amour de la patrie en détruisant le bien qui la fait aimer, qui détruit la notion du droit en faisant des guerres injustes, et qui crée l'antagonisme du pouvoir et de la nation, et bouleverse l'ordre économique par une immense déperdition de forces productives, amoindrit nécessairement la force même matérielle de la nation, quel que soit le nombre de ses soldats. Les esclaves n'ont pas de patrie. Les armements du despotisme équivalent à un désarmement moral, et dépouillent la patrie de sa force en la dépouillant de sa vertu; la liberté conduit les petits peuples à Marathon; le despotisme conduit les grandes nations à Waterloo. Depuis trois ans, la France impériale tremble dans son armure; la France républicaine rendra le fer à la charrue et les bras au sillon; elle travaillera et ne craindra personne.

La nation la plus glorieuse est celle qui est la plus instruite et la plus morale, et la plus morale est celle dans laquelle il y a le moins de prêtres, le moins de soldats, le moins de fonctionnaires, le moins de courtisans et de courtisanes, d'oisifs, de parasites, de mouchards; le moins de millionnaires, d'aristocrates et de laquais; le plus d'existences normales, le plus de producteurs; le moins de bohême sociale ou politique, le moins de populace en habit noir. Je ne saurais dire quelle est cette nation-là dans le monde moderne, mais dans le monde ancien, j'affirme que c'est la Grèce, qui a eu toutes les gloires, même la gloire militaire, la vraie, jusqu'au jour où Alexandre, ce roi plus macédonien que grec et plus thrace que macédonien, lui a soufflé la folie de la conquête, de la fausse gloire militaire, de la fausse unité nationale et de la monarchie universelle; au jour où il s'en est allé au fond de l'Asie, cette terre natale des tyrannies, des religions et des pestes, chercher la barbarie à sa source, pour la rapporter en Europe; au jour enfin où ce profanateur de la Grèce la laissa monarchisée, militarisée, unifiée et corrompue à point pour la conquête romaine. Alexandre a commencé la décadence du génie grec; les Napoléons ont entrepris la décadence du génie français. Voilà les exploits de la fausse gloire militaire; sachons enfin la mépriser. Qu'importe à un ouvrier de Cologne que Strasbourg soit à la Prusse, et qu'importe à un ouvrier de Strasbourg que Cologne soit à la France? Ce qui leur importe, c'est le prix du travail et du pain, c'est l'équilibre de la consommation et de la production, et cet équilibre est rompu par la guerre qui appauvrit et démoralise à la fois le vainqueur et le vaincu, l'annexant et l'annexé. Il n'y a qu'une gloire militaire véritable, celle de l'héroïsme au service du droit ; il n'y a qu'une guerre légitime, celle de l'opprimé contre l'oppresseur, celle de tous les peuples contre tous les rois ; quant aux autres, guerres d'équilibre, guerres de conquêtes, guerres de religion, guerres d'annexion, guerres de sécession, guerres de succession, guerres de colonisation, guerres d'influence, et guerres d'hégémonie, de frontières naturelles, de nationalité et d'unité, ce sont là jeux de princes ; et nous supprimerons le jeu en supprimant les princes.

Nos neveux liront avec stupeur l'histoire de ces temps reculés et barbares qui sont les nôtres, où l'espèce humaine, comme l'espèce ovine, vivait en troupeaux régulièrement tondus et abattus par le berger, pour le plus grand bien et pour la plus grande gloire du berger, broutant pour lui, bêlant pour lui, agnelant pour lui, mourant pour lui, avec cette seule différence qu'avant d'abattre le bétail, on l'engraisse. L'empire romain a succombé parce qu'il avait à la fois contre lui sa propre corruption, sa servitude, la réaction du monde conquis, une inondation de barbares et de chrétiens, une grande invasion et une religion toute neuve.

Nous n'avons pas à craindre la réaction du monde contre nos conquêtes, comme l'empire romain ou comme le premier empire français. Napoléon III a versé beaucoup de sang français, sur beaucoup de champs de bataille, c'est vrai ; il en est aussi prodigue que son oncle, il faut le reconnaître ; mais il a peu conquis ; ses victoires n'ont pas fait beaucoup de jaloux, ses triomphes n'ont humilié personne, et ses lauriers n'ont jamais empêché aucun général de dormir ; tout au plus aurions-nous à craindre la réaction de la Cochinchine, de Nice, de Chambéry et de la partie sud de Sébastopol ; au demeurant, personne ne nous menace. Nous n'avons pas non plus à craindre une religion nouvelle, pas même celle d'Allan-Kardec ou du père Enfantin; mais nous avons tout à craindre de notre servitude; c'est là qu'est le danger, c'est là qu'est l'ennemi, c'est sur ce point que doit se porter tout l'effort de la défense nationale, et cette défense, ce n'est pas au maréchal Niel qu'elle peut être confiée; c'est à vous, électeurs, à vous seuls; et pour cette guerre-là, il ne faut pas des mois entiers, des monceaux d'or et des fleuves de sang; non, il faut une minute et un mot: A bas l'Empire! sur les bulletins. Un mot de vous, électeurs, et la France est sauvée, sauvée de la ruine, sauvée de la honte; l'occupation cosaque, en 1815, nous écrasait, sans nous flétrir; l'occupation bonapartiste nous déshonore. Aurons-nous au moins le courage du vote révolutionnaire? Le maniement du bulletin est plus facile que celui du fusil; nous dont les pères prenaient des bastilles, monterons-nous sans pâlir à l'assaut de l'urne électorale? oserons-nous y déposer un suffrage insermenté? craindrons-nous d'être foudroyés par le regard d'un adjoint?

Mais rappelons encore quelques souvenirs: le dernier des Napoléons n'a encore fait que sept fois la guerre; cela ne fait pas une guerre tous les deux ans, ce qui n'est pas assez pour un régime militaire; outre cela, il a eu le malheur de faire toujours la guerre sans motif avouable, sans gloire et sans profit, ce qui est toujours fâcheux pour un gouvernement militaire; la mieux motivée était celle qu'il entreprit pour exécuter le testament d'Orsini, mais il en partage le mérite avec la providence qui lui envoya ce messager terrible. Cette même providence le couvrit de sa protection, ainsi que ses cent-gardes et son état-major, au plus fort de la bataille et au plus épais de la mêlée, où même, selon le *Constitu-*

tionnel, elle permit qu'il perdît une épaulette emportée par une balle, et fût le seul atteint au milieu de deux cents hommes exposés au feu, avec lui ; mais elle refusa constamment de le couvrir de gloire. Il fait ou laisse faire les empires des autres, et rate les siens.

Il recule à Sébastopol, il recule à Villafranca, il fuit à Queretaro, pendant qu'on exécute son complice (mais ne parlons pas du Mexique, comme dit M. Rouher) ; il n'ose avancer ni en Danemark, ni en Pologne, ni en Bohême, où une bonne cause l'appelle ; il court avec ses chassepots à Mentana, où il y avait un crime à commettre ; il perfectionne l'art de tuer, transforme la guerre en industrie, et le soldat en ouvrier de la destruction, et remplace le génie par le nombre et le courage par la mécanique; décidément, la gloire militaire ne veut pas de lui; pas même celle-là! Ne pouvant pas devenir soldat, il se refait assassin, et finit comme il avait commencé, par un égorgement ; il assassine pour le compte des autres ; le coupe-jarret s'est fait bravo ; il entreprend les Saint-Barthélemy au profit des religions en détresse ; il est l'homme de confiance de l'Eglise, on l'honore des missions les plus délicates ; de Tortoni à Mentana il y a progrès. En échange de ce petit service, on lui enverra une épée et deux chapeaux, un pour lui, l'autre pour son cousin, l'espérance d'un troisième pour son archevêque, une ombre d'alliance électorale, une lettre de recommandation pour les curés, un bon pour une douzaine de députés, et autres promesses du 19 janvier ; on le paie avec sa monnaie : je n'y vois aucun inconvénient.

Mais si nous n'avons pas même recueilli un seul des prétendus bénéfices de la guerre, nous en subissons toutes les plus dures conséquences. En attendant la huitième guerre, nous avons la paix armée et le déficit organisé. Nous avons en France l'occupation militaire et le régime militaire, comme en Algérie, et ce régime y porte les mêmes fruits : misère et démoralisation. La statistique officielle constate la progression effrayante du nombre des crimes, des délits, des suicides, des cas d'aliénation mentale, et cela n'a rien de surprenant dans un pays où la misère menace de prendre des proportions algériennes, et où la justice est rendue au nom d'un malfaiteur. Comme compensation, nous avons la liberté de la boucherie, la liberté de la boulangerie, la liberté des théâtres, la liberté du commerce et la liberté du vice; voilà ce qu'on peut appeler des libertés sociales; ne pouvant nourrir le peuple, César veut qu'il s'amuse; nous n'avons pas de pain, mais nous avons des spectacles; juste moitié moins que la plèbe romaine. Cet empire a tout corrompu, même nos plaisirs; tout refait à son image, même le théâtre; touché à tout, même à l'esprit; voulu tout remplacer, même le génie.

Nous n'avons plus Hugo, mais nous avons Mocquard, Thérésa et le père Hyacinthe; les pièces militaires, les pièces à femmes et les pompes romaines à grand orchestre; le théâtre-caserne, le théâtre-sérail et le théâtre-église; caporalisme, proxénétisme et jésuitisme; nous voyons sur la scène des chevaux, des vaisseaux, des éléphants et des canons; force ballets surtout, le ballet est ami du pouvoir, son influence salutaire transforme les passions subversives, détourne les tendances séditieuses, désarme les anciens partis et plonge dans une douce langueur l'hydre de l'anarchie; nous avons les exhibitions de nains, de géants, d'acrobates, de disloqués, d'escamoteurs, de dompteurs, de lutteurs, de sauteurs, de sorciers, de spirites, d'esprits frappeurs et de poissons parlants, d'hommes-canons, d'hommes-mouches, de femmes-à-barbe, de cigales obscènes, et nous allons avoir les frères Siamois ! Nous avons les courses de chevaux, et les courses de vélocipèdes; nous avons le cirque National, le cirque des Arènes, le cirque de l'Hippodrome, le cirque de l'Impératrice, le cirque de l'Empereur, et un empereur de cirque, et des écuyers pour députés !

Le théâtre est l'image de la vie et le miroir de la société; la pièce militaire que joue Napoléon depuis vingt ans, ne vaut guères mieux que celles de son compère Mocquard; la dernière scène seule sera bonne, mais elle ne sera pas de lui. Le théâtre, sous l'empire, n'est donc pas resté trop au-dessous de sa mission, qui était de représenter les mœurs du temps et de les corriger ou au besoin de les corrompre; le but étant d'amuser sans instruire, et de faire rire sans faire penser, un gouvernement sage doit remplacer, autant que possible, la pensée par le décor; le personnage parlant, par le personnage muet ; l'homme, par le cheval ; la comédie, par la farce; le drame, par le défilé; les idées, par la musique, et le dialogue, par l'entrechat; et quant à l'esprit qui gâterait tout, il est en surveillance, et nous avons la censure qui nous protége de son mieux contre cet ennemi de l'empire.

Mais la censure ne suffit pas à tout; sa puissance a des bornes, comme son intelligence; en dépit de ses soins, il y a toujours des hommes d'esprit et d'honnêtes gens incorrigibles qui font passer des chefs-d'œuvre à travers ses ciseaux, et le théâtre de l'ère césarienne n'est pas encore ce qu'il devrait être pour représenter dignement le régime, c'est-à-dire une scène à la fois militaire et religieuse, où l'on jouerait des batailles et des mystères, et où la plèbe césarienne viendrait écouter les nouveaux interprètes de l'esprit français, Escobar et Bonaparte, Ratapoil et Veuillot ; respirer une atmosphère doublement saturée de parfums de Rome et d'odeurs de Paris ; s'inspirer de sentiments délicats et d'idées napoléoniennes ; se pénétrer du double esprit de nos institutions, césarisme et jésuitisme, tartuferie et gendarmerie ; contempler avec amour son double idéal spirituel et temporel ; adorer « les deux moitiés de « Dieu : le pape et l'empereur ; » et, dans une apothéose, entre les lauriers de Mexico et ceux de Mentana, admirer l'image de la patrie régénérée, militarisée, cléricalisée et sauvée !

Mais rien n'est parfait dans ce bas-monde : pas même les bas-empires ; l'œuvre impériale n'est pas sans défaut ; il y a des taches à ce soleil, et des points noirs dans cet azur ; ainsi l'ignorance des masses n'est pas encore telle que Fortoul avait pu la rêver, telle que l'empereur avait besoin qu'elle fût ; ce n'est pas encore l'état idéal d'une nation césarisée ; on n'a compté, l'année dernière, que vingt mille conscrits qui ne savent pas lire ; ce n'est pas assez. Peut-être même y en a-t-il, sur ce nombre, qui savent entendre, et c'est un danger pour l'empire. D'un autre côté, un département a pu se passer tout un trimestre de la session de sa cour d'assises ; aucun crime n'avait été commis, et la justice a dû chômer ; ce sont là des symptômes alarmants. Il y a trop d'honnêtes gens dans ce pays-là, et pas assez de sécurité pour les empereurs. Avis à M. Duruy qu'il ait à redoubler de soins pour empêcher l'instruction publique de se répandre en France, car plus les citoyens sont instruits, plus ils sont honnêtes, et plus ils sont honnêtes et instruits, moins ils sont faciles à asservir, plus l'art de régner devient difficile et scabreux ; les localités dissidentes ont toujours été celles où on savait le mieux lire : Paris, Lyon, le Jura ; l'instruction rend honnête, l'honnêteté rend libre, ces trois choses se tiennent ; elles naissent, grandissent, meurent et ressuscitent ensemble; c'est pourquoi tuer, corrompre, abêtir, voilà la loi de l'empire, voilà le fond de la politique de l'empereur et le secret de sa sagesse ; ce sont ses seuls moyens de gouvernement. Pour tuer, il a les lois martiales, les coups d'Etat, le paupérisme et les guerres ; pour corrompre, il a la terreur permanente, la distribution simoniaque des emplois, des titres, des honneurs et des croix ; la surexcitation de la peur et de l'intérêt ; l'exploitation de tous les vices, l'appel à toutes les mauvaises passions; la loterie sous toutes les formes, les jeux de bourse, les emprunts, l'agiotage, le scandale des fortunes subites ; la maladie du soupçon (dite maladie du mouchard), inoculée au peuple français par le développement de l'espionnage ; la danse des millions, des pots-de-vin, des cumuls, et des anses de panier ; la littérature officielle, la littérature militaire, la littérature religieuse et la littérature de police, la commission de censure et la commission de colportage, les deux officiels et les gazettes d'antichambre, de coulisse et d'alcôve ; l'éblouissant défilé des courtisans et des courtisanes qui tourbillonnent dans sa gloire et brillent de ses rayons ; les fêtes de cour ; les deux justices, les deux morales, et son exemple. Pour abêtir, il a l'ignorance simple et l'ignorance double, le manque d'instruction et l'instruction fausse, avec ministre *ad hoc* (dit ministre de l'instruction publique) ; il a enfin la religion catholique, le clergé régulier et séculier, les congrégations des deux sexes, couvents, asiles, écoles chrétiennes, tout un monde prêchant, enseignant, catéchisant, confessant, édifiant, évangélisant, moralisant et fessant.

Il a ainsi beaucoup tué, beaucoup corrompu et passablement abêti, pas assez cependant; il a réussi à asservir une génération, mais voilà que pour la seconde tout est à recommencer ; le besoin d'un Deux-Décembre se fait sentir tous les quinze ans, c'est là le vice du système; l'acte réparateur n'a pas assez réparé; on a laissé derrière soi, en 51, quelques millions d'enfants qui n'étaient ni tués ni assermentés, oubli funeste! on n'en a déporté aucun, c'était une faute! le nouveau roi n'a pas osé aller aussi loin qu'Hérode, ce fut un tort! Hérode comprenait mieux les devoirs d'un gouvernement fort ; et voilà qu'aujourd'hui tous ces échappés de l'empire se permettent d'avoir vingt-et-un ans, et font mine de vouloir être des citoyens, et crient : Vive la République! c'est déplorable! si bien que le sauveur n'a rien sauvé.

Le caractère de ce régime c'est de n'avoir ni idées, ni principes et d'être la caricature composite de tous ceux qui l'ont précédé : il emprunte à la royauté absolue la grâce de Dieu, la noblesse, la religion d'Etat et les culottes-courtes ; à la royauté constitutionnelle, la légalité; au premier empire, la guerre perpétuelle ; à la République, des noms ; il n'a pour lui que la force, et ne sait pas même se servir de la force; il s'est donné pour mission de faire de l'ordre matériel, et n'a pas même su faire de l'ordre matériel, par la bonne raison que sans l'ordre moral, l'ordre matériel est impossible ; il a offert sa protection aux intérêts matériels, et on n'a jamais vu pareille déroute des intérêts matériels, jamais vu plus de faillites, plus d'écroulements de fortunes, plus de désastres financiers, plus de Mirès aux abois et de Péreire en détresse, plus de caissiers en prison et de receveurs en fuite. Il promettait la paix, la prospérité, la gloire ; il n'a donné que la guerre, la ruine, et la honte. Aussi n'entend-on parler que de revanches à la fin du second empire, comme au lendemain du premier : revanche de Waterloo, revanche de Sadowa, revanche de Mexico ; les deux empires n'auront laissé derrière eux à leurs héritiers que des revanches à prendre, des dettes à payer, du fil à retordre et des pots cassés.

En condensant en lui les vices et les iniquités, les erreurs et les ridicules, les abus et les crimes des monarchies antérieures, l'empire à réduit la monarchie à l'absurde et l'a rendue presque impossible après lui. Mais si odieux et si grotesque que soit ce régime, il est encore là, et notre histoire a reculé de cent ans, et le monstre de la monarchie est encore accroupi sur la France, le monstre de la monarchie avec ses deux têtes, une tête d'empereur et une tête de pape, l'une buvant le sang du peuple, l'autre soufflant sur son âme, pour l'éteindre, tantôt alternant, tantôt échangeant leurs rôles, mais toujours occupées soit isolément, soit ensemble, à éteindre des âmes et à boire du sang ; et le monstre rugit d'aise à sa proie attaché, et cette proie c'est nous, et nous attendons !

Les habiles nous disent : Vous allez voir, nous allons bien l'attraper. — Comment cela ? — Nous allons porter au monstre un coup terrible. — Qu'allez-vous faire ? — Nous allons lui envoyer M. Thiers, catholique et royaliste, et chauvin, pour lui faire des discours. — Les habiles me font toujours rire.

On donne 5 francs de prime à celui qui tue un loup, mais il est expressément défendu de tuer un roi, et même un empereur. Cela est excessivement intelligent.

Mais il y a plus : dans certains pays, cette espèce d'animaux malfaisants est assimilée à l'espèce humaine ; ce n'est pas tout, on va plus loin encore : on déclare d'abord qu'un roi est une personne, puis une personne d'une haute sagesse, puis une personne impeccable et infaillible, puis une personne sacrée, inviolable et divine, à qui on donne la force et l'argent d'un pays pour réaliser chaque rêve de son cerveau malade, chaque fantaisie de sa pensée malsaine, et tout ce qui peut sortir d'absurde et d'incongru d'une tête providentielle, ivre de sang et de toute puissance. Il résulte de ce beau système, que le pauvre diable que le malheur de sa naissance, ou la sottise des gens, aidée de la sienne propre et de quelques crimes, ont juché sur un trône et coiffé d'une couronne, subit fatalement la funeste influence du milieu royal, que tout son être s'y transforme, s'y dénature et s'y décompose ; qu'en voulant s'élever au-dessus de l'humanité, il tombe au-dessous, et devient brute, mais une brute déclassée, n'appartenant plus à aucune espèce ; il n'est plus ni homme ni bête, il n'est plus qu'un roi, un je ne sais quoi sans nom, destiné à disparaître dans le travail d'épuration que l'humanité, comme la nature, fait sans cesse sur elle-même.

Situation ridicule et terrible ! Il y perd la part de raison humaine que la nature avait pu lui accorder ; il est le premier atteint par les maux qu'il vient répandre.

Depuis dix-huit ans, toutes les puissances du mal sont déchaînées sur la France. Il semble que Napoléon III les ait évoquées du fond du moyen âge, pour célébrer avec lui la dernière orgie de la force, les dernières saturnales de l'arbitraire, le dernier sabbat de la monarchie ; cet empire est un anachronisme ; c'est le fantôme du xe siècle qui revient ; c'est le vieux despotisme idiot, féroce et dévot, avec son cortége de servitudes; c'est la fin du vieux monde, mais cette fin dure depuis dix-huit ans; et ces maux qu'on croyait disparus se renouvellent sans cesse, chaque journée les ramène, c'est la journée d'un empereur : attentats à tous les droits et sous toutes les formes, depuis le vol d'un budget jusqu'au vol d'un collier; depuis le meurtre d'un million de soldats jusqu'au meurtre d'un enfant de sept ans; depuis la corruption organisée jusqu'à l'ignorance systématisée; depuis les transportations en masse jusqu'aux séquestrations arbitraires; depuis la 6e chambre jusqu'aux commissions mixtes; depuis la censure jusqu'à l'assassinat; et ces faits monstrueux se reproduisent tous les jours, et on n'en parle pas, aucun journal du soir ne donne la statistique complète des crimes de la journée avec le nom du coupable, pas même le grand officiel; la plupart se contentent de dire : « Aujourd'hui l'empereur a travaillé avec ses ministres; » mention vague et absolument insuffisante, parce que tout le monde ne sait pas ce que c'est que le travail d'un empereur. Et la somme du mal accompli depuis dix-huit ans est incalculable; cependant Bonaparte a pu l'accomplir; jugez ce que ce serait s'il eût été intelligent! s'il eût eu l'esprit d'être un bon prince, son œuvre durerait peut-être dix-huit ans encore; tandis que celle qu'il a su faire, nous pouvons la briser demain. Les mauvais princes ont du bon : ils gâtent le métier, ils facilitent la tâche de leurs ennemis, et compliquent horriblement celle de leurs amis; notre tâche est donc facile, si nous voulons nous résoudre à une action un peu plus énergique et plus prompte que l'action électorale, parlementaire et légale. Déjà la mine du sire est inquiète et piteuse; il publie des mémoires justificatifs, comme

Ollivier; il a tort: « la vertu s'avilit à se justifier. » Est-ce qu'il aurait conscience de sa situation d'accusé? Alors souvenons-nous de notre devoir de juges, et puisqu'il prépare sa défense, préparons sa condamnation.

Quand je vois ce misérable couvert de boue et de sang, glissant dans le sang, aveuglé par le sang, toujours ivre et toujours altéré de sang, tout meurtri des faux-pas de sa politique, se traînant à tâtons dans le dédale de sa diplomatie, recevant tour à tour, et sans jamais les rendre, un soufflet de Cavour, une giffle de Sewards, un coup de poing de Juarès, un coup de pied de Bismark, une bourrade du prince Gortschakof, et du pape des coups de manche de goupillon, sans compter les coups de pavés des officieux et les coups de Jarnac des officiels; bousculé par les uns, houspillé par les autres et sifflé par tout le monde; tout affolé par la douleur, le remords, la rage et la peur du bourreau; faisant horreur et faisant pitié; surmené, haletant, ahuri, poussif, fourbu, râlant, n'en pouvant plus; couvert de plaies et de bosses, et en demandant encore, et menaçant encore, d'un geste défaillant, le dernier de ses vainqueurs qui le regarde mourir, je me rappelle involontairement une scène de mœurs américaines que j'ai lue dernièrement. La chose se passe à New-Yorck, je crois; nous assistons à une grande boxe; la lutte touche à sa fin; elle a duré une demi-heure : pendant une demi-heure, quatre énormes poings plus durs que des cestes, semblables à des marteaux emmanchés dans des massues, se sont abattus sur deux têtes humaines comme sur deux enclumes; quelquefois c'est la poitrine qui est atteinte et qui rend un son sourd, comme une porte de ville sous le coup du bélier. L'un des boxeurs s'est assez bien conservé; ce qui lui reste de son corps lui permet de continuer la lutte; mais l'autre est bien malade : il a perdu une côte, une oreille, un œil et une mâchoire; sa poitrine est ouverte, son front est ouvert; le sang sort de sa bouche ; le sang voile sa vue; il est horrible; la galerie applaudit; les connaisseurs admirent le faire de l'artiste et le fini du travail. Cependant le mourant est debout, son équilibre est maintenu par sa masse; il meurt, il va tomber, mais il est sur ses jambes; dans le rêve de son agonie, il croit lutter encore, et de son poing trop pesant pour son bras, il gesticule un dernier coup dans le vide, et menace au hasard un adversaire qu'il ne voit plus; celui-ci dédaignant de le frapper, le pousse légèrement du bout du doigt; il tombe, et le vainqueur se tournant vers les amis ou les parieurs du vaincu, leur dit ces simples mots : « Mais remportez donc votre homme; vous voyez bien qu'il ne vaut plus une calotte! »

Si l'excès du mal est une condition déterminante des situations révolutionnaires, je crois avoir suffisamment prouvé que cette condition ne nous manque pas. Possédons-nous aussi la seconde condition, la maturité de l'opinion? Je n'en puis douter, quand je considère les signes des derniers temps, tels que :

Les manifestations contre la loi militaire à Toulouse, à Auch, à Nantes, à Montauban, à Bordeaux, et contre la guerre, à Marseille; celle du 10 août, au boulevard Saint-Michel; cent dix-huit procès de presse, en treize mois; le succès de *la Lanterne*, du *Réveil*, des livres de Tenot et de T. Delord, auquel il faut ajouter celui de la *Correspondance de Napoléon Ier*, précieux recueil des aveux du despotisme; les 300,000 voix gagnées par l'opposition dans les élections partielles, et les 22,000 républicains découverts par le préfet du Jura; les congrès de Liége, de Genève, de Lausanne, de Bruxelles, où s'est révélée l'opinion révolutionnaire des étudiants, des ouvriers et d'une partie de la bourgeoisie ; les applaudissements qui ont salué la résistance du jeune Cavaignac ; l'éclat de rire qui a suivi le projet municipal d'une statue du prince impérial ; les bulletins de la Commune de Paris, et les proclamations lues par le procureur impérial au procès du 20 décembre, dit des *Sociétés secrètes ;* les adresses aux républicains d'Espagne et le mouvement déterminé dans la presse française par la révolution espagnole ; la fondation récente de près d'une centaine de feuilles démocratiques ; l'élection du citoyen Grévy ; le développement rapide de la vie politique dans les réunions publiques ou privées, à Paris et en province ; les enquêtes demandées et promises sur quelques-uns de nos désastres ; la protestation de la société des gens de lettres contre la censure et les censeurs ; celle du conseil de l'ordre des avocats contre la conduite du sieur Delesvaux ; l'affaire des dix-sept journaux accusés de compte-rendu illicite ; la minorité de soixante voix contre la loi militaire ; celle de cent voix contre l'ordre du jour sur la question des cimetières ; l'affaire du Château-d'Eau ; enfin, l'affaire Baudin et la bataille de Clichy, livrée à l'ombre d'un républicain mort et à l'ombre d'une manifestation absente, par une armée de 50,000 hommes, sous la conduite d'un avocat, qui a fait prisonniers près de douze passants, et s'est couvert de gloire. A ces signes, il faut ajouter la peur et le désarroi qui se laissent apercevoir dans les régions gouvernementales ; les transes du chef de l'Etat qui, depuis dix-huit ans, gouverne, mèche allumée, et, suivant son auguste expression, *la main sur la garde de son épée ;* ajoutez, enfin, la démission Séguier, le jugement de Clermont, et la pudeur de Forcade-Laroquette, qui n'ose pas présenter aux Parisiens la moindre candidature officielle.

Si les signes révolutionnaires abondent, si partout se multiplient les symptômes du réveil de l'opinion, si de tous côtés s'élève le cri de la conscience publique, comment ne pas reconnaître que la situation est doublement révolutionnaire, et par l'excès du mal et par l'état des esprits? et qu'elle est doublement favorable au succès de la résistance révolutionnaire? Alors pourquoi nous amuser au jeu frivole et dangereux de la résistance légale, à la vaine pantomime du combat, au lieu de combattre sérieusement; pourquoi faire encore la petite guerre, quand tout est prêt pour la grande, pourquoi parader si longtemps devant l'ennemi, et perdre le temps à lui faire de la musique, comme Napoléon Ier à Waterloo; pourquoi gesticuler au lieu de frapper, et brûler encore une fois l'empire en effigie, quand on peut pendre l'empereur en réalité?

N'est-il pas évident que si tous les candidats opposants actuels, qui tous sont en vue par le seul fait de leur candidature, et dont plusieurs (plus de trente assurément), jouissent, à juste titre, d'une renommée et d'une influence considérables, voulaient s'entendre entre eux et avec vous pour faire une protestation révolutionnaire, au lieu de prendre au sérieux cette parodie d'élection et de se faire bonnement nommer députés, comme en temps ordinaire, comme sous un régime régulier; au lieu de s'engager, avec vous, pour six ans, dans une lutte légale, dérisoire, funeste; n'est-il pas évident que si ces hommes le voulaient, une telle protestation serait plus efficace qu'une nouvelle législature se traînant boiteuse, impuissante, enchaînée, six années durant, entre une présidence de mamelouks et une majorité de mamelouks, comme un prisonnier entre deux gendarmes? n'est-il pas évident qu'une telle protestation serait décisive?

Si cela est évident, ils ont tort de vouloir autre chose; car tout ce qui ne va pas droit au renversement de l'empire est mauvais, tout détour est une faute, tout retard est un danger; ce qu'ils ne veulent pas, c'est à vous de le vouloir; ce qu'ils ne font pas, c'est à vous de le faire; puisqu'ils se plaignent d'avoir été entraînés par vous aux élections, vous pouvez les entraîner encore, et cette fois à la Révolution. Protestez donc avec eux, ou sans eux!

Je conclus : Faites des manifestations, sous toutes les formes et par tous les moyens, pourvu qu'elles soient révolutionnaires. Changer les hommes de la résistance ne suffit pas, il faut changer le système. Les campagnes judiciaires et électorales qu'ont faites récemment, soit à Paris, soit en province, cinq ou six de nos députés démocrates, ont produit plus d'effet, en quelques jours, que tous leurs efforts parlementaires en douze ans; parce qu'au tribunal, ils sont libres; au club, ils sont libres; à la chambre, ils ne le sont pas. Le meilleur moyen de devenir libre, c'est de parler comme si on l'était; le meilleur moyen de triompher du despotisme, c'est de se comporter toujours comme si on vivait dans une république. N'attendez-pas que vos députés vous délivrent : affranchissez-les eux-mêmes; déliez les mains de vos défenseurs, si vous voulez être bien défendus, et surtout défendez-vous vous-mêmes; vous êtes la force, vous êtes le nombre; quand tout le monde veut, tout le monde peut; que cent mille Parisiens s'avisent de crier : A bas l'empire! et l'empire est à bas. Refusez l'impôt, refusez l'emprunt, refusez l'enrôlement, refusez le vote, refusez tout ! Au lieu de donner à l'empereur de l'argent, des soldats, des fonctionnaires, des députés et tout ce qu'il vous demande, retirez votre main qui le soutient, et il tombera. Affirmez-vous partout où la foule se rassemble, au théâtre, au cimetière, aux cours publics, aux conférences, aux réunions privées ou publiques, sociales ou électorales; célébrez des anniversaires de deuil et des anniversaires de victoires ; faites des ovations et des charivaris ; arborez des drapeux; fermez les boutiques; faites des banquets et faites des grèves ; parlez, écrivez, agissez, vivez ! Que le peuple vive, et l'empire est mort !

Les élections ne sont qu'une occasion, mais cette occasion est bonne ; saisissez-la ! que la vieille machine électorale détraquée, devienne une machine infernale entre vos mains ; mais n'entrez un instant dans la légalité impériale que pour la briser aussitôt ; posez, si vous voulez des candidatures, mais inconstitutionnelles ; déposez, si vous voulez, des bulletins, mais révolutionnaires ; occupez les bureaux et les salles de scrutin, surveillez le vote et le dépouillement ; faites des manifestations pour la liberté, pour la paix, pour l'économie, pour le contrôle, pour la justice, pour tous vos droits qui sont la négation de l'empire, pour tout ce que vous aimez ; faites-en contre la loi militaire, contre le serment, contre les candidatures officiellles, contre le gouvernement personnel, contre toutes les lois impériales qui sont la négation de vos droits, contre tout ce que vous détestez ! Mettez à l'ordre du jour l'accusation, la déposition, l'abdication, la déchéance du despote ; que la discussion se fasse action, et l'élection, Révolution ! De l'agitation électorale faites sortir l'agitation révolutionnaire.

La grande armée électorale est debout, elle est en marche; qu'elle fasse, au dernier moment, une de ces manœuvres soudaines qui décident les batailles; qu'elle choisisse mieux son objectif, et qu'après tant d'heures perdues en escarmouches légales, elle démasque tout à coup une batterie révolutionnaire. Qu'il ne soit pas dit que tant d'efforts n'auront abouti qu'à une démonstration vaine, et que tant de braves gens se seront dérangés pour ne rien faire.

Puisque le peuple se lève dans sa force pour commencer son œuvre, qu'il l'achève! et puisqu'on lui rend un instant sa souveraineté, qu'il la garde!

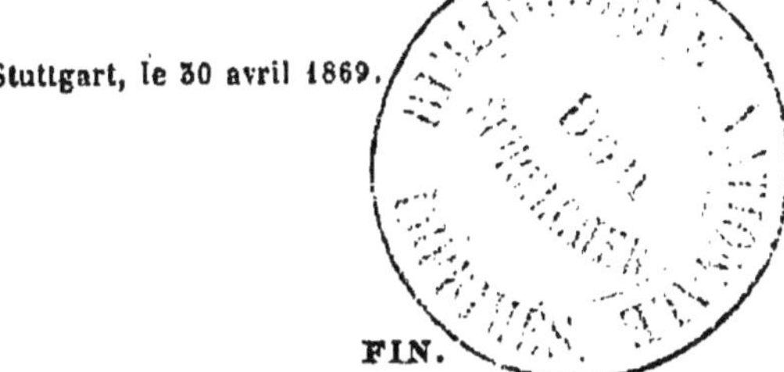

Stuttgart, le 30 avril 1869.

FIN.

www.ingramcontent.com/pod-product-compliance
Lightning Source LLC
LaVergne TN
LVHW020438230826
846091LV00004B/1538

* 9 7 8 2 0 1 1 9 4 5 1 1 2 *